Timo Parvela

Ella in den Ferien

Timo Parvela

Ella in den Ferien

Aus dem Finnischen von
Anu und Nina Stohner
Mit Bildern von Sabine Wilharm

Carl Hanser Verlag

Die Abreise

Mein Name ist Ella. Ich gehe immer noch in die zweite Klasse. Das liegt daran, dass ich sitzen geblieben bin. Alle anderen in meiner Klasse sind auch sitzen geblieben, sogar unser Lehrer. Uns Kinder hat die Direktorin sitzen bleiben lassen, weil wir am Ende des Schuljahrs das Einmaleins nicht konnten, und den Lehrer hat sie sitzen bleiben lassen, weil er es uns nicht beigebracht hat. Dabei hat er's versucht. Aber unsere Klasse ist trotzdem nett und unser Lehrer auch. In letzter Zeit macht er uns nur ein bisschen Sorgen. Er verspätet sich dauernd.

Zum Beispiel an dem Sommermorgen, als das Schuljahr schon seit über drei Wochen um war: Da warteten wir mit unseren Eltern auf einem Landungssteg im Hafen, und er verspätete sich, obwohl wir Punkt acht Uhr verabredet hatten. Wir, das war unsere Clique: Mika, Timo, Hanna, Tiina, Pekka, ich und unser Klassenrambo, der eigentlich Pertti heißt.

Die Sonne wärmte den Steg, an dem die *Pekka Superstar* vertäut war. Die *Pekka Superstar* ist ein kleines

Schiff, das der berühmten Rocksängerin Elvira gehört. Wir hatten Elvira geholfen, als ihr Mann sie aus der Wohnung schmeißen wollte. Oder eigentlich war sie schon von selber ausgezogen, und Elviras Mann war der Vermieter unseres Lehrers und hatte den rausschmeißen wollen. Mit seiner ganzen Familie! Aber da hatten wir eingegriffen, also unsere Clique, und alle gerettet: Elvira und den Lehrer mit seiner Familie.* Und zum Dank hatte Elvira versprochen, uns ihr Schiff zu leihen, und der Lehrer hatte versprochen, mit uns Ferien auf dem Meer zu machen. Seine Frau wollte auch mitkommen, und das freute uns. Sie ist nett, obwohl sie die Lehrerin der Parallelklasse ist, die wir nicht so nett finden. Schade war nur, dass der Lehrer und seine Frau nirgends zu sehen waren.

Wir hatten alle Seemannspullover an und Sturmregenjacken mit Kragen bis über die Ohren und oben drüber Rettungswesten. In der Sonne war das ganz schön heiß.

Dann waren plötzlich Ringe auf dem Wasser, als hätte jemand unsichtbare Steine ins Hafenbecken geschmissen.

* Wer genau wissen will, wie das war: Es steht in dem Band »Ella und der Superstar«.

»Das sind Seeungeheuer«, behauptete Mika.

»Seeungeheuer sind nicht so klein«, wusste Timo. Timo weiß alles, er ist unser Klassengenie.

»Wahrscheinlich sind es Seeungeheuer*junge*«, sagte Mika. »Seeungeheuer nagen einen ganzen Elefanten in einer halben Minute bis auf die Knochen ab.«

»Du redest von Piranhas«, sagte Hanna. Hanna tut immer ein bisschen erwachsen.

»Nein, von Elefanten«, stellte Mika richtig.

»Noch ein Wort, und dein Elefant hat einen Knoten im Rüssel«, drohte der Rambo.

»Sowieso leben Piranhas und Elefanten auf unterschiedlichen Kontinenten«, wusste Timo.

»Sowieso ging's eigentlich um Seeungeheuer«, brummelte Mika.

»Wahrscheinlich sind es ganz normale kleine Fische«, sagte Tiina. Tiina hat für alles immer eine ganz normale Erklärung.

»Ich verstehe nicht, wie ganz normale kleine Fische einem Elefanten einen Knoten in den Rüssel machen können sollen«, wunderte sich Pekka. Pekka ist unser Klassendödel, und wir hatten keine Lust, ihm noch mal alles von vorne zu erklären. Uns wurde nämlich immer heißer.

»Darf man seine Regenjacke ausziehen?«, fragte ich.

»Nein. Auf dem Meer kann es jederzeit regnen«, sagte mein Vater.

»Und den dicken Pullover?«, fragte Tiina.

»Nein. Auf dem Meer kann es jederzeit stürmen«, sagte Tiinas Vater.

»Und die Rettungsweste?«, fragte Hanna.

»Nein. Ein Schiff auf dem Meer kann jederzeit untergehen«, sagte Hannas Mutter.

»Darf man wenigstens seine Mütze und seine Handschuhe ausziehen?«, fragte Mika.

»Nein. Hast du auch bestimmt deine Ersatzhandschuhe dabei?«, sorgte sich Mikas Mutter.

»Von mir kriegt jeder was auf die Mütze, der verlangt, dass ich was ausziehen soll«, drohte der Rambo.

»Unser Sohn ist so fantasievoll!«, staunte sein Vater.

»Papa, darf *ich* mich ausziehen?«, fragte Pekka seinen Vater.

»Klasse Idee!«, rief Pekkas Vater begeistert.

Dann fingen er und Pekka an, sich auszuziehen, und merkten gar nicht, dass das Auto des Lehrers angekurvt kam.

Erst stieg unser Lehrer aus dem Auto, dann seine Frau und dann noch eine Tante, die wir nicht kannten. Wenn man überlegte, dass sie alle drei auch ihr Gepäck und ihre Rettungswesten und einen Rettungsring mitbrachten, waren in dem Auto ziemlich viele Leute und ziemlich viel Gepäck, erst recht, wo das Auto unseres Lehrers kaum größer ist als eine Streichholzschachtel. Wenigstens waren der Lehrer und seine Frau schlau genug gewesen, ihr Kind und ihre zwei Hunde zu Hause zu lassen.

»Tolles Familienauto!«, sagte mein Vater bewundernd.

»Jedenfalls praktisch. Man kann es im Schlafzimmer parken«, sagte Timos Vater.

»Unterm Bett«, fügte Tiinas Vater hinzu.

»Ich hatte das gleiche, als ich klein war. Außer dass es Pedale hatte und schneller fuhr«, erinnerte sich der Vater des Rambos.

»Für kleine Autos braucht man weniger Benzin«, warf der Lehrer ein.

»Und für große weniger Nerven«, sagte Timos Vater, und darüber mussten alle Väter lachen.

Nur der Lehrer lachte nicht, obwohl er ja auch ein Vater ist. Überhaupt erschien er uns ein bisschen ernst und nervös für jemanden, der gerade in die Ferien fahren wollte. Jetzt sagte er immer noch nervös, alle, die mitfuhren, sollten sich in einer Reihe vor der *Pekka Superstar* aufstellen.

Mikas Mutter und Pekkas Vater fuhren auch mit.

Die übrigen Eltern hatten nur ihre Kinder hergebracht. Die Sonne brannte, und uns wurde immer heißer, nur Pekka und Pekkas Vater nicht. Die hatten sich inzwischen bis auf die Unterhosen ausgezogen, und wir mussten lachen, weil sie beide die gleichen Raketen auf den Unterhosen hatten.

Neben dem Lehrer stand die Tante, die im Auto mitgekommen war. Sie trug eine grüne Hose und Stiefel mit dicken Sohlen und eine grüne Weste mit ungefähr tausend Taschen. Obwohl die Tante ziemlich klein war, fanden wir, dass sie irgendwie größer aussah als der Lehrer. Das lag wahrscheinlich an ihren Augen. Sie hatte einen Blick wie aus der Tiefkühltruhe.

»Darf ich vorstellen: unsere Reiseführerin. Sie weiß alles über das Meer und die Natur und das Überleben in der Wildnis. Sie ist sozusagen eine Mutter Natur in echt, falls der kleine Scherz erlaubt ist«, sagte der Lehrer und zeigte zum ersten Mal an diesem Morgen ein kleines Lächeln.

»Scherze sind *nicht* erlaubt«, sagte die kleine Tante. Ihr Lächeln war so warm wie ein Spalt im arktischen Eis.

Unserem Lehrer verging das Lächeln gleich wieder. Er sagte, er wolle nur noch schnell was aus dem Auto holen, und seine Frau machte uns ein Zeichen, dass wir ihr an Bord folgen sollten.

Vom Schiff aus sahen wir dann, wie der Lehrer mit einer nagelneuen Kapitänsmütze in der Hand wieder aus dem Auto kletterte. Er streichelte die Mütze und polierte mit dem Ärmel den kleinen goldenen Anker vorne drauf. Dann lächelte er versonnen und wollte sich die Mütze aufsetzen.

Aber die kleine Reisetante war schneller. Sie riss ihm die Mütze aus der Hand und setzte sie sich selber auf den Kopf.

»Danke«, sagte sie.

»Äh ... ich dachte, *ich* wäre der Kapitän«, sagte der Lehrer.

»Falsch gedacht«, sagte die Reisetante. »Und übrigens haben wir eine diesbezügliche Abmachung, nicht wahr?«

»Ja«, sagte unser Lehrer leise.

»Na also«, lachte die Reisetante und kam zu uns an Bord.

Nur der Lehrer blieb komischerweise auf dem Landungssteg stehen. Er sah uns an und sagte keinen Ton. Dabei waren wir bestimmt ein toller Anblick. Bestimmt war der Lehrer unheimlich stolz auf uns, wie wir in einer Reihe an der Reling standen wie Matrosen der sieben Weltmeere. Nur Mika fehlte. Er weinte hinter dem Steuerhäuschen, weil seine Mutter ihm verboten hatte, zu nah an der Reling zu stehen. Und Pekka und Pekkas Vater fehlten, weil sie in ihren peinlichen Raketenunterhosen irgendwo auf dem Schiff herumhopsten. Und der Rambo hockte beleidigt im Bug, weil ihm jemand gesagt hatte, dass er nicht immer gleich beleidigt sein sollte. Aber alle anderen standen in einer Reihe und waren ein toller Anblick und warteten auf den Lehrer, dessen Gesichtsausdruck immer nervöser wurde.

»Liebling, kommst du?«, fragte seine Frau.

Und der Lehrer sagte: »Ihr kommt bestimmt auch ohne mich zurecht.«

Dann drehte sich um und wollte gehen. Aber er kam nicht weit. Die Eltern auf dem Landungssteg fingen ihn nämlich ein. Sie packten ihn an den Armen und Beinen und trugen ihn aufs Schiff. Und wenn er nicht so gestrampelt hätte, wäre er wahrscheinlich auch nicht ins Wasser gefallen. Zum Glück hatte es seine Frau nicht weit bis zum Rettungsring. Sie nahm ihn und warf ihn ihrem Mann an den Kopf.

»Klasse Idee!«, freute sich Pekkas Vater, als er den Lehrer im Wasser strampeln sah, und hüpfte hinterher.

»Ganz schlechte Idee«, sagte die Reisetante mit der Kapitänsmütze sauer.

Warum, verstanden wir ehrlich nicht. Das Wasser war doch bestimmt wunderbar kühl.

Auf dem Meer

Die *Pekka Superstar* war ein schönes Schiff. Es war ungefähr zehn Meter lang und oval wie ein Fußballstadion, aber natürlich viel kleiner. Ein bisschen näher am Heck als am Bug war das Führerhäuschen, das an allen Seiten Fenster hatte. Davor war ein offenes Vorderdeck mit einer niedrigen Reling. Unter Deck war eine Kajüte. Sie war ziemlich eng für so viele Leute, aber wir wollten sowieso abends vor Anker gehen und in Zelten schlafen, die wir dabeihatten.

Wir würden kreuz und quer von Insel zu Insel schippern, und abends würden wir am Lagerfeuer sitzen und Pfannkuchen oder Würstchen braten. Das Meer würde im Mondschein glitzern, und wir würden der Brandung lauschen und den salzigen Duft des Meeres atmen.

Es war ein toller Ferienplan. Schade war nur, dass unsere Reisetante, die gleichzeitig Kapitänin sein wollte, den Schiffsmotor nicht angeworfen kriegte. Sie drehte hundertmal den Zündschlüssel, aber es passierte nichts. Das Schiff dümpelte immer noch im Hafenbecken. Den Vätern und Müttern wurde das Winken bald langweilig, und sie gingen nach Hause.

»Probleme?«, fragte der Lehrer hoffnungsvoll.

»Natürlich *nicht*«, sagte die Reisetante.

»*Ich* könnte es ja mal versuchen. Die Seefahrt liegt mir sozusagen im Blut. Ich habe dreimal ›Pippi in der Südsee‹ gelesen, sechsmal den ›Titanic‹-Film gesehen, und das schöne Lied ›In meiner Badewanne bin ich Kapitän‹ kann ich rückwärts singen – du kannst mir unbesorgt die Kapitänsmütze überlassen und dich ein bisschen ausruhen gehen«, versuchte es der Lehrer.

Die Reisetante funkelte den Lehrer nur wortlos an, und er färbte sich rot im Gesicht wie manchmal in der Schule, wenn er unsere Antworten nicht versteht.

»Sollen wir anschieben?«, fragte Pekkas Vater.

»Probieren kann man's«, sagte die Reisetante.

»Klasse Idee!«, rief unsere ganze Clique. Dann sprangen wir alle zusammen mit Pekkas Vater ins Wasser.

Jetzt war es gut, dass wir die Rettungswesten noch anhatten. So blieben wir alle oben und schaukelten auf dem Wasser wie große bunte Korken. Aber das Schwimmen mit Rettungswesten war gar nicht so einfach, und ein Schiff anschieben ging damit schon gar nicht, das merkten wir schnell. Also paddelten wir nur ein bisschen herum und spritzten uns nass. Vom Wasser aus sahen wir, dass die Reisetante jetzt wieder unseren Lehrer anfunkelte. Der Mund stand ihr dabei ein bisschen offen, als wäre sie vor irgendwas erschrocken.

»Du bereust doch noch nicht, dass du mitgekommen bist?«, hörten wir den Lehrer fragen. Er hörte sich echt besorgt an.

»Ich? – Vergiss es! Wenn ich etwas beschlossen habe, bleibt's dabei«, sagte die Reisetante.

»Habt ihr an den Hauptschalter für den Strom gedacht?«, fragte jetzt die Frau des Lehrers, die den Kopf in das Steuerhäuschen streckte und auf einen kleinen roten Hebel an der Wand zeigte. Über dem Hebel klebte ein Zettel, auf dem stand, dass man erst den Strom einschalten musste und dann den Zündschlüssel drehen. Meine Freunde und ich wussten das, weil wir das Schiff seit der Geschichte mit Elviira kannten.

»Selbstverständlich«, versicherte der Lehrer.

»Gleich als Allerserstes – aber ich versuch's sicherheitshalber noch mal«, sagte die Reisetante und legte den Schalter um.

Als sie uns dann alle wieder an Bord gezogen hatten, drehte die Reisetante noch einmal den Zündschlüssel, und diesmal sprang der Motor tadellos an.

»Wer sagt's denn«, sagte sie. »Ein bisschen Schieben hilft immer.«

Erst fuhren wir nur an der Küste entlang. Überall am Ufer gab es Felsen, die aussahen wie prima Wasserrutschen, und am Strand standen schicke Sommerhäuser mit Hunden, die zum Wasser rannten, um uns anzukläffen. Wir hatten die nassen Pullover und Regenjacken ausgezogen und fröstelten ein bisschen, sogar Mika, der immer noch seine Mütze und seine Handschuhe anhatte, weil seine Mutter Angst hatte, dass er sich sonst erkältete.

Der Anfang unserer Reise war sehr schön. Sogar der Lehrer sah endlich zufrieden aus. Er schaute blinzelnd aufs Meer und lächelte, wahrscheinlich weil die Reisetante ihm versprochen hatte, dass er ganz bestimmt auch mal ans Steuer durfte.* Er müsse nur brav sein und warten, bis er an der Reihe war, sagte sie. Mikas Mutter und die Frau des Lehrers waren in der Kajüte unter Deck, und meine Freunde und ich lagen auf dem Vorderdeck in der Sonne.

»Wenn ich groß bin, werde ich Seeräuberin«, verkündete Hanna.

»Ich wäre, wenn ich groß bin, gern Matrosin auf einem Kreuzfahrtschiff«, dachte ich mir aus.

* »Ans Ruder« heißt das bei den Seeleuten, aber es lesen bestimmt auch Landratten mit, und denen wollen wir es nicht schwerer machen als unbedingt nötig.

»Wenn *ich* groß bin, werde ich Kapitän«, beschloss Timo.

»Ich befördere jeden in den Mastkorb, der mich, wenn ich groß bin, auf ein Schiff lotsen will«, drohte der Rambo.

»Und ich will überhaupt nicht groß werden«, seufzte Pekka.

Mika sagte nichts, er war nämlich seekrank. Und Tiina dachte lange nach, bevor sie was sagte.

»Wenn ich groß bin, werde ich Meerjungfrau«, sagte sie schließlich. »Dann helfe ich Menschen, die in Seenot sind. Ich lotse Schiffe von Unwettern fort und bin so schön, dass meine Schönheit die Seeleute blendet. Eines Tages verliebt sich dann ein Seemann unsterblich in mich, aber wir können einander niemals kriegen, weil ich im Meer bleiben muss.« Tiina seufzte.

»Als Seejungfrau könnte es schwierig werden, mit dem Fahrrad zu fahren«, vermutete Timo.

»Oder Fußball zu spielen«, wusste Pekka.

»Und ich bin allergisch gegen Fisch«, sagte Mika.

Aber wir Mädchen fanden Tiinas Traum trotzdem unheimlich romantisch.

»Egal, was wir mal werden – in jedem Fall werden wir irgendwann erwachsen«, sagte Hanna irgendwann. »Könnt ihr euch das vorstellen?«

Wir versuchten es, aber es fühlte sich seltsam an, das fanden alle. Es war zum Beispiel schwierig, sich Hanna verheiratet vorzustellen. Oder Mika mit dem Batman-Umhang und der Batman-Maske, die er bei jeder Gelegenheit anziehen wollte, bei der Arbeit. Je mehr wir darüber nachdachten, desto seltsamer wurde es. Wie zum Beispiel sollte Timo, der später mal die Welt retten wollte, die Welt retten, wenn er dabei einen Aktenkoffer tragen und eine Krawatte anhaben musste? Und wie würde ich den Leuten mal erklären, dass alle meine Freunde immer noch in der zweiten Klasse waren? Oder was, wenn der erwachsene Rambo ständig drohte, seinem Chef eins auf die Brille zu brezeln? Oder dem Polizisten eins aufs Knöllchen? Nachher würde man ihn noch ins Gefängnis stecken! – Das Erwachsenwerden konnte einem echt ein bisschen Angst machen.

Aber jetzt lagen wir erst mal gemütlich auf dem Vorderdeck und schauten in den Himmel. Wir entfernten uns vom Land, und anscheinend tat das auch der Reisetante gut. Sie lachte sogar, als der Lehrer ihr einen Tauschhandel vorschlug: Er wollte die Kapitänsmütze gegen sein Fernglas tauschen.

»Eigentlich hatte ich die Mütze nämlich für mich selbst gekauft«, sagte der Lehrer.

»Und weißt du was? Das macht gar nichts«, lachte die Reisetante.

Da seufzte der Lehrer und ging aus dem Führerhäuschen und saß für den Rest des Tages beleidigt vorne im Bug.

Gegen Abend näherten wir uns dann einer Insel, die aus der Ferne betrachtet wie eine liegende Robbe aussah. Am einen Ende ragte ein hoher Felsen aus dem Wasser, in der Mitte war ein lang gestreckter waldbedeckter Hügel, und am anderen Ende sah man einen glatten Felsen, das war die Schwanzflosse der Robbe.

Die Reisetante steuerte das Schiff geschickt in eine Bucht direkt an der Schwanzflosse. Wir bildeten eine Kette und reichten unsere Zelte, Schlafsäcke und was wir sonst für unser erstes Nachtlager brauchten von Hand zu Hand vom Schiff aufs sichere Land. Pech war nur, dass der Lehrer auf dem glatten Schwanzflossenfelsen ausrutschte und ins Meer klatschte.

»Klasse Idee!«, rief Pekkas Vater und sprang dem Lehrer hinterher.

»Klasse Idee!«, riefen auch meine Freunde und ich, denn es war trotz des Fröstelns nach dem ersten Bad ein ausgesprochen heißer Tag gewesen.

»Kindische Idee!«, schnaubte die Reisetante.

Nur sie, die Frau des Lehrers und Mikas Mutter gingen nicht schwimmen. Sie machten inzwischen ein Lagerfeuer und bauten die Zelte auf.

»Mikas Mutter hat erzählt, dass ihr Mann sieben Anzüge besitzt, einen für jeden Wochentag«, sagte die Frau des Lehrers zu ihrem Mann, als er seine nassen Kleider zum Trocknen über die Zeltschnüre hängte.

»Ich finde meinen Konfirmandenanzug noch ganz in Ordnung«, sagte der Lehrer trotzig.

Dann saßen wir am Lagerfeuer, und alles war ganz genau so, wie wir es uns vorgestellt hatten. Das Meer roch salzig, leckere Pfannkuchen brutzelten in der Pfanne, die Kleider des Lehrers trockneten, und die Wellen plätscherten sachte an Land. Sogar der Lehrer sah zufrieden aus. Seine Frau hatte ihm ein Kopftuch ausgeliehen, das er sich wie ein Seeräuber um den Kopf gebunden hatte. Eine Augenklappe hatte sich der Lehrer auch gebastelt: aus seiner Bankkarte und einem Gummiband.

Angeln

Nach dem Essen wollte die Reisetante uns das Angeln beibringen. »Ich werde Spitzenangler aus euch machen«, versprach sie.

»Auweia«, sagte der Lehrer.

»Wolltest du was sagen?«, fragte ihn die Reisetante.

»Nur dass es dir noch leidtun wird«, sagte der Lehrer.

»Das glaube ich kaum.«

»Wetten wir um die Kapitänsmütze?«, fragte der Lehrer lauernd.

»Ich wette nie, aber komm mit, dann bring ich's dir auch gleich bei«, versprach die Reisetante.

»Aber gern. *Sehr* gern!«, sagte der Lehrer und rieb sich die Hände wie eine Fliege, die sich auf einem Zuckerwürfel niedergelassen hat.

Wir hatten alle Angeln mitgebracht, solche kurzen, die man dann lang ausziehen kann. Die hatten mit den Schlafsäcken und allem auf dem Zettel gestanden, den uns der Lehrer für unsere Eltern mitgegeben hatte.

Die Reisetante kramte eine Plastikdose Würmer aus ihrem Seesack und reichte sie dem Lehrer.

»Die übernimmst *du*.«

»Muss das sein?«, wand sich der Lehrer.

»Ja«, sagte die Reisetante kurz angebunden.

Die Frau des Lehrers, Mikas Mutter und Pekkas Vater blieben bei den Zelten.

»Petri Heil und geh nicht zu nah ans Wasser, Mika, hörst du!«, rief Mikas Mutter, als wir schon in Richtung Strand gingen.

Das fanden wir ganz schön komisch. Wie sollte Mika denn angeln, wenn er nicht nah ans Wasser ging? Er hatte zwar keinen Haken an seiner Angel, weil seine Mutter fand, dass Haken viel zu gefährlich waren und überall hängen blieben, aber trotzdem. Ans Wasser konnte er doch wenigstens.

Am Strand mussten wir uns dann alle in einer Reihe aufstellen, Mika ungefähr zehn Meter landeinwärts, weil seine Mutter das so wollte, und der Rest von uns direkt am Wasser.

»Aufgepasst, Herrschaften!«, sagte die Reisetante. »Das Wichtigste ist, dass ihr alles ganz genau so macht, wie ich es sage. *Ganz genau* so, und nicht nur so ungefähr, verstanden?«

»Der erste schlimme Fehler«, hörten wir den Lehrer murmeln.

»Ist was?«, fragte ihn die Reisetante.

»Nein, alles bestens«, sagte der Lehrer gut gelaunt.

Dann machte er die Plastikdose auf und gab jedem von uns einen Wurm. Die Würmer ringelten sich.

»Igitt!«, sagte Hanna.

»Süüüß!«, sagte Tiina.

»Kann der wirklich schwimmen?«, fragte ich.

»Ist meiner ein Mädchen oder ein Junge?«, wollte Timo wissen.

»Und wo soll ich den hinhängen?«, wunderte sich Mika.

»Ich häng jeden selber an den Haken, der verlangt, dass ich den armen Kerl irgendwo hinhänge«, knurrte der Rambo.

»Kann ich einen zweiten haben?«, fragte Pekka. »Der erste hat nach gar nix geschmeckt.«

Unser Lehrer sagte kein Wort. Er schaute nur aufs Meer und pfiff leise vor sich hin.

»Als Erstes befestigen wir den Wurm am Haken«, sagte die Reisetante.

»Klasse Idee«, murmelte der Lehrer.

»Was sagst du?«, fragte ihn die Reisetante.

»Klasse Idee«, sagte der Lehrer gut gelaunt.

»Seht ihr, so«, sagte die Reisetante und machte es uns vor.

Dann waren wir dran. Tiina spießte den Wurm auf,

Hanna spießte den Ärmel ihres Pullovers auf, ich spießte mein T-Shirt vorne über der Hose auf, und Timo fiel der Wurm in den Stiefel. Der Rambo wollte wissen, wo der Wurm eine Nase hatte, falls er ihm irgendwann eins draufbrezeln wollte, und Mika weinte, weil er jetzt erst merkte, wie doof es war, dass er keinen Haken an seiner Angel hatte. Nur Pekka angelte schon richtig drauflos.

»So«, sagte die Reisetante, nachdem sie die Haken aus Hannas Pullover und meinem T-Shirt gefieselt und Timos Wurm aus dem Stiefel geschüttelt hatte, »und jetzt werft eure Angeln aus!«

»Auweia«, sagte der Lehrer gut gelaunt.

»Was ist denn jetzt schon wieder?«, fragte ihn die Reisetante.

»Nichts, super, alles im Lot auf'm Boot!«, sagte der Lehrer und strahlte, als hätte er im Lotto gewonnen.

»Möchte mal wissen, was daran so komisch ist«, murmelte die Reisetante und schüttelte den Kopf. »Und ihr sollt eure Angeln auswerfen, hab ich gesagt!«, sagte sie zu uns.

Wir wussten gar nicht, warum sie so nervös war.

Timo warf seine Angel am weitesten. Sie flog mindestens zehn Meter weit. Hanna und ich warfen unsere

Angel ungefähr sieben Meter weit und Tiina ihre ungefähr sechs. Der Rambo warf seine Angel nicht. Lieber wollte er uns allen eins auf den Schwimmer geben, bevor er seine schöne Angel irgendwohin warf. Mika *wollte* seine Angel werfen, aber er schaffte es nicht mal bis zum Wasser. Stattdessen traf er die Reisetante am Rücken, und genau da zog Pekka seinen ersten Fisch aus dem Wasser. Das war wahrscheinlich Mikas Glück.

Pekkas Fisch sah komisch aus, ganz platt und mit Glupschaugen.

»Aus dem ist ja die ganze Luft raus«, sagte Pekka enttäuscht.

»Es ist eine Flunder«, sagte die Reisetante, während sie unsere Angeln aus dem Wasser fischte. »Die gehört so.«

»Glaub ich nicht«, sagte Pekka. »Die sieht aus wie so ein Wasserball, wenn keine Luft drin ist. – Wahrscheinlich ist sie geplatzt.«

Die Reisetante legte unsere Angeln an den Strand und schüttelte müde den Kopf. Also fragten wir unseren Lehrer, was mit Pekkas Fisch passiert war.

»Natürlich ist er geplatzt«, sagte er. »Wahrscheinlich war's der Haken. Heile Flundern kann man nur bekommen, wenn man ohne Haken angelt.«

Unser Lehrer kann toll erklären, das muss man ihm

lassen. Und weil man mit einem platten Fisch nichts anfangen kann, setzte er ihn vorsichtig zurück ins Wasser. Der Fisch guckte sich nicht mal um und schwamm flatternd davon.

»Seine Mutter bläst ihn wieder auf«, tröstete der Lehrer Pekka, der sich Sorgen machte, was mit dem armen Fisch passierte, wenn er platt nach Hause kam.

Für den Rest des Nachmittags versuchten wir, heile Flundern zu fangen. Der Lehrer war so nett und schnitt uns die Haken von den Angeln ab. Es bissen zwar keine heilen Flundern an, aber das machte uns nichts aus. Angeln fanden wir trotzdem alle toll.

Die Reisetante saß die ganze Zeit neben dem Lehrer, der es sich auf einem Uferfelsen bequem gemacht hatte.

»Was hab ich eigentlich falsch gemacht, kannst du mir das sagen?«, hörten wir die Reisetante irgendwann fragen.

»Alles«, sagte der Lehrer, und man konnte hören, dass er Mitleid mit ihr hatte.

»Du bereust doch nicht etwa, dass du mitgekommen bist?«, fragte er nach einer Weile.

»Nein. Aber wenn ich ehrlich sein soll, stört mich die Geschichte mit dem aufgeblasenen Fisch. Es behagt mir nicht, wenn Kindern Märchen erzählt werden«, sagte die Reisetante. »Nur raue Tatsachen festigen den Charakter. Kinder müssen das Leben kennenlernen, wie es ist.«

»Was mich betrifft, ich liebe Märchen«, sagte der Lehrer. »Ohne Märchen hätte ich gar nicht die Kraft, so ein Leben zu leben und tagaus, tagein den rauen Tatsachen ins Auge zu sehen, die man auch Kinder nennt ...«

Die Reisetante sah den Lehrer nachdenklich an. Dann sagte sie überraschend freundlich: »Ein Punkt für dich.«

Darüber mussten die Reisetante und der Lehrer erst schrecklich lachen, dann saßen sie wieder still auf dem sonnenwarmen Felsen. Das Meer hatte sich beruhigt und war ganz glatt geworden. Nur das Kreischen der Möwen war noch zu hören. Der Rauch des Lagerfeuers wehte dünn zu uns her, wir warteten immer noch, dass heile Flundern anbissen, und allmählich wurde es Abend. Als wir in die Schlafsäcke krochen, waren wir uns alle einig, dass es ein toller erster Ferientag gewesen war.

Rutschende Hosen

Am nächsten Morgen gingen der Lehrer mit seiner Frau, Pekkas Vater und Mikas Mutter die Insel erkunden. Meine Freunde und ich hatten schon gefrühstückt und die Zelte abgebaut. Gerade wollten wir unsere Schlafsäcke zum Lüften in die Büsche hängen, da wandte sich die Reisetante an uns.

»Ich habe eine Aufgabe für euch«, sagte sie. »Euer Lehrer findet, dass Kinder hilflose kleine Wesen sind, die man ständig umsorgen muss. Ich dagegen vertrete die Meinung, dass Kinder zu allem fähig sind, wenn man ihnen nur Verantwortung überträgt und klare Anweisungen gibt. Ich will, dass ihr heute alle zusammen beweist, dass in der Teamarbeit Kraft und Stärke liegt.«

Die Reisetante sah uns an wie ein Heerführer sein Heer, bevor es in den Kampf zieht. Wir spürten schon, wie die Verantwortung unsere Rücken gerade machte und Kraft in unsere Schultern strömte.

»Zuerst bringt die Kiste hier an Bord!«, befahl die Reisetante und schritt auf den Felsen zu, auf dem sie gestern mit dem Lehrer gesessen hatte.

Wir hängten unsere Schlafsäcke in die Büsche und starrten die Transportkiste an, in der unser ganzer Proviant verstaut war. Sie war riesig und aus Styropor. In die Kiste hätten bestimmt eine Herde Seeungeheuer, ein halb abgenagter Elefant, ein Schwarm Piranhas und mindestens zwei Kontinente gepasst. Jedenfalls war sie viel zu schwer, als dass wir sie auch nur hätten bewegen können. Trotzdem wollten wir es versuchen.

Aber es ging nicht. Sosehr wir auch daran ruckten und zerrten und schoben und kippten – die Monsterkiste bewegte sich höchstens ein paar Zentimeter in Richtung Ufer. Und irgendwann gaben wir auf.

»Das wird nichts«, seufzte Hanna.

»Ich würde dem blöden Ding die angeschweißten Tragegriffe abreißen, wenn es welche hätte«, knurrte der Rambo.

Die Kiste hatte nämlich nur hinten und vorne Schlaufen aus dickem Tau.

»Ich könnte sie wahrscheinlich alleine tragen, aber das wäre dann keine Teamarbeit«, sagte Mika.

Wir anderen sagte nichts. Wir ärgerten uns nur, dass in unserer Teamarbeit keine Kraft *und* keine Stärke lagen. Nicht mal Timo wusste, wie wir die Kiste aufs Schiff bekommen sollten, und Timo ist sonst eine Genie.

Darum wunderten wir uns auch, als plötzlich Tiina aufstand und einen Armvoll von den Holzscheiten holte, die noch neben der Feuerstelle lagen. Sie legte die Scheite hintereinander auf den Weg von der Kiste zu der Stelle am Ufer, wo das Schiff lag. Es reichte ungefähr für die halbe Strecke. Zum Schluss hatte sie nur noch ein Holzscheit in der Hand und stellte sich neben die Kiste.

»Hebt sie ein Stück hoch!«, sagte Tiina, während wir sie noch ungläubig anstarrten.

»Macht schon!«, sagte Tiina in überraschend scharfem Ton, und wir gehorchten.

Mit aller Kraft schafften wir es, die eine Seite der Kiste so weit anzuheben, dass Tiina das Holzscheit drunterrollen konnte. Jetzt fiel uns erst auf, dass Tiina lauter runde Scheite ausgesucht hatte.

»Schiebt!«, befahl Tiina, als wir die Kiste auf dem runden Holzscheit abgesetzt hatten.

Wir schoben alle zusammen. Und wir wunderten uns, wie die Kiste sich ganz leicht über das Holzscheit bewegte, dann auf das nächste und dann wieder auf das nächste, wie auf Rollen. Als wir die halbe Strecke geschafft hatten, holte Tiina die Holzscheite von hinten und legte sie bis zum Ufer aus. Dann schoben wir wieder, und schon hatten wir das Ufer erreicht.

Tiina war auch ein Genie, genau wie Timo! Das Komische war nur, dass sie normalerweise ganz normal war. Ob es auch ganz normale Genies gab? Das war eine interessante Frage, aber erst mal musste die Kiste noch an Bord. Die Monsterkiste war nämlich erst am Ufer, und ob wir sie auch an Bord kriegten, musste sich erst noch herausstellen.

Vom Ufer führte eine kleine Zugbrücke auf das Schiff, eine Planke aus zwei Brettern, die aneinandergenagelt waren, weil eins als Brücke zu schmal gewesen wäre. Wir packten wieder an und schafften es, die Kiste über die Holzscheite auf die Planke und ein Stück in Richtung Schiff zu rollen. Aber ungefähr auf halbem Weg rollte auf einmal gar nichts mehr. Wir passten nicht alle gleichzeitig auf die Planke, und die Hälfte von uns reichte nicht, um die Kiste zu bewegen, auch nicht über Tiinas geniale Rollen. Schließlich ging es bergauf.

»Die Mädchen ziehen, die Jungs schieben!«, befahl Tiina, als die Kiste schon anfing, rückwärts zu rollen.

Das war die Lösung! Tiina hatte eindeutig alles im Griff. Wir Mädchen turnten schnell über die Kiste, um vorne zu ziehen, und die Jungs blieben hinten, um zu schieben. Weil sie nebeneinander keinen Platz hatten, schob Rambo die Kiste, und Timo schob den Rambo, und Mika schob Timo, und Pekka schob Mika. Damit sie nicht von der Planke fielen, hielten sie sich am Hosenbund des Vordermanns fest.

Die Jungen schoben hinten, und wir Mädchen zogen vorne an dem Haltegriff aus Tau. Ich zog am Griff, Hanna zog an mir, und Tiina zog an Hanna. Zentimeter um Zentimeter bewegte sich die Kiste über die Planke aufwärts, bis die vordere Hälfte an Bord und nur die hintere Hälfte noch auf der Planke war. Oder eigentlich hing sie über der Planke in der Luft, die vordere Hälfte war nämlich schon an Deck gekippt. Noch ein paarmal Schieben und Ziehen, dann wäre alles erledigt gewesen. Die Kiste wäre an Bord gewesen, und die Erwachsenen hätten gestaunt.

»Und wieder ... hau ruck!«, gab Tiina das Kommando.

Und da passierte es: Pekka, der Letzte in der Jungsschlange, strauchelte, und als er strauchelte, klammerte er sich umso fester an Mikas Hosenbund, weshalb er, als er trotzdem stürzte, Mika die Hose runterzog. Darum stolperte Mika gleich darauf über seine eigene Hose und stürzte auch und riss dabei Timo die Hose runter, weshalb Timo strauchelte und dabei dem Rambo die Hose runterzog. Der Rambo strauchelte dann nicht mehr. Er schwankte nur, nahm aber trotzdem eine

Hand von der Kiste, wahrscheinlich weil er Timo, der ihm die Hose runterzog, eins vor den Latz knallen wollte. Und genau da tauchten plötzlich die Reisetante, der Lehrer, seine Frau, Mikas Mutter und Pekkas Vater auf.

Wir müssen ziemlich komisch ausgesehen haben: drei Jungs, denen die Hosen in den Kniekehlen hingen, drei Mädchen kichernd oben auf dem Schiff und ein Junge, der zwar die Hosen noch oben hatte, sich aber nicht mehr einkriegte vor Lachen.

»Die Jungs wollten wohl wieder schwimmen«, vermutete der Lehrer.

»Ein bisschen früh am Tag«, sagte seine Frau.

»Mäuseschwänzchen, dass du dich bloß nicht erkältest!«, rief Mikas Mutter.

»Noch mal! Das machen wir

noch mal!«, japste Pekka und fiel vor Lachen von der Planke ins Wasser, dass es nur so platschte.

»Ich hab's gewusst, die Planke ist zu glatt!«, freute sich der Lehrer, und erst wussten wir gar nicht, was daran so gut sein sollte. Aber dann fiel uns ein, dass er ja auch schon von der Planke gefallen war.

»Ist es schon warm genug?«, fragte Pekkas Vater.

Nur die Reisetante sagte die ganze Zeit nichts, und das fanden wir unfair, weil die Kiste ja schon fast auf dem Schiff war. Da hätte sie sich eigentlich ein bisschen freuen können, fanden wir.

Es hätte auch noch alles gut ausgehen können, wenn der Rambo nicht beschlossen hätte, Timo doch noch eine vor den Latz zu knallen. Jetzt, wo er nicht mehr schwankte, nahm er auch noch die zweite Hand von der Kiste, wahrscheinlich damit er besser ausholen konnte. Da kippte die Kiste natürlich auf die Planke zurück und begann zu rutschen. Und wie sie rutschte, schubste sie Timo und Mika, die noch auf der Planke standen, zu Pekka ins Wasser.

Die Monsterkiste selbst rutschte geradeaus weiter über die Holzscheite bis zum Ufer, das an der Stelle leider felsig war, sodass sie krachend in Stücke ging und unser Proviant sich übers Ufer und leider auch im Wasser verteilte.

»Wie heißt es: Mit Essen spielt man nicht«, seufzte der Lehrer.

»Es ist ja noch was übrig«, tröstete ihn seine Frau.

»Mäuseschwänzchen, hast du wenigstens die Badehose drunter?«, fragte Mikas Mutter, aber das hatte Mika natürlich nicht.

Der Lehrer hatte auch keine Badehose drunter, als er auf ein Päckchen Butter trat und mit Karacho zu den Jungs ins Wasser schnalzte.

»Klasse Idee!«, rief Pekkas Vater und sprang hinterher.

»Wo du schon im Wasser bist – könntest du bitte nach den Würstchen tauchen?«, bat die Frau des Lehrers ihren Mann.

Die Reisetante sagte auch noch nichts, als sie mit Mikas Mutter und der Frau des Lehrers den Proviant vom Ufer aufgelesen und aus dem flachen Wasser gefischt hatte. Vielleicht freute sie sich trotzdem über die Teamarbeit und ließ es sich nur nicht anmerken.

»Du willst doch nicht etwa aufgeben?«, fragte sie der Lehrer, als er die Würstchen ablegte und sich schlierige grüne Algen aus den Haaren zupfte.

»Das fällt mir im Traum nicht ein«, sagte die Reisetante.

Das Geheimnis der Reisetante

Am späten Vormittag waren wir dann wieder auf dem Meer. Es war nicht mehr ganz so sonnig wie am Tag zuvor, aber schön warm war es trotzdem. Wir saßen auf dem Vorderdeck, und manchmal waren wir sogar froh, wenn die Sonne hinter den Wolken verschwand und eine kühle Brise wehte.

Nur Tiina war ein bisschen unglücklich. Sie dachte nämlich, *sie* hätte uns in Schwierigkeiten gebracht.

»Ich hab's doch nur gut gemeint«, sagte sie.

»Klar hast du's gut gemeint«, tröstete ich sie.

»Und es ist doch klasse gelaufen«, sagte Hanna.

»Oberklasse«, bestätigte ich.

»Es ist *nicht* klasse gelaufen«, sagte Timo finster. »Uns sind die Hosen runtergerutscht.«

»*Das* war sogar Spitzenklasse«, sagte Hanna, und dann lachten wir Mädchen, und die Jungs waren beleidigt, außer Pekka natürlich. Er schlug sogar vor, dass sie es beim nächsten Stopp noch mal genauso machen sollten, und wir Mädchen fanden es schade, dass die anderen Jungs das eine typische Pekka-Idee fanden.

Wir Mädchen fanden, für unseren Klassendödel war das eine Spitzenidee.

Dann kam die Reisetante zu uns aufs Vorderdeck. Sie hatte noch immer nichts über die Kiste und unsere Teamarbeit gesagt. Wir konnten also nicht wissen, ob sie vielleicht mit irgendwas nicht zufrieden war, und schauten uns vorsichtshalber nach den anderen Erwachsenen um. Der Lehrer hatte jetzt die Kapitänsmütze auf und steuerte zufrieden das Schiff. Anscheinend war er lange genug brav gewesen. Die Frau des Lehrers und Mikas Mutter sonnten sich weiter hinten auf dem Schiff, und Pekkas Vater angelte ganz hinten im Heck. Wir waren mit der Reisetante allein.

»Habt ihr noch ein Plätzchen für mich?«, fragte sie und setzte sich, ohne die Antwort abzuwarten.

Die Reisetante saß eine Weile still vor uns und sah uns an. Ihre Augen hatten die Farbe von Eiszapfen, und ihr Lächeln hätte einen Eskimo zum Bibbern gebracht.

»Ich habe eine kleine Geschichte für euch«, sagte sie schließlich. Aber erst machte sie eine Pause und schaute aufs Meer.

»Vor langer Zeit geriet einmal ein Schiff in einen Sturm. Der Sturm tobte ununterbrochen drei Tage und drei Nächte lang. Und die ganze Zeit kämpfte die

Mannschaft unermüdlich um ihr Schiff und um ihr Leben. Schließlich musste der Kapitän eine schwerwiegende Entscheidung treffen: Er alarmierte einen Rettungshubschrauber, der seine Mannschaft retten sollte. Nur er selbst blieb noch an Bord des Schiffes. Er suchte nämlich nach einer unbekannten Insel, von der er alte Seeleute hatte reden hören, und er glaubte, die Insel sei schon ganz nah. Er glaubte, er könne sein Schiff in eine ihrer Buchten steuern und in Sicherheit bringen ...«

Die Reisetante machte eine Pause.

»Und was ist dann passiert?«, fragte Hanna.

»Der Sturm tobte noch eine ganze Woche, und das Schiff ward nie mehr gesehen.«

»Ist es untergegangen?«, fragte ich.

»Selbstverständlich«, sagte die Reisetante. »Es war die helle Unvernunft, das Schiff durch solch einen Sturm steuern zu wollen.«

»Hat danach noch mal jemand versucht, die unbekannte Insel zu finden?«, fragte Timo.

»An dieser Stelle ist auf keiner Seekarte eine Insel eingezeichnet«, sagte die Reisetante.

»Vielleicht hat der Kapitän trotzdem überlebt. Vielleicht hat er die unbekannte Insel doch gefunden, und jetzt lebt er dort als Schiffbrüchiger wie Pippi Langstrumpfs Vater«, schlug ich vor.

»Pippi Langstrumpf ist ein Märchen«, sagte die Reisetante, als wäre das was Schlechtes. »Und der Kapitän des Schiffes war so einer, der an Märchen glaubte. Auch seinem Kind hat er immer Märchen erzählt, und ihr seht, wie's ihm ergangen ist ...«

»Woher weißt du das eigentlich alles?«, wunderte sich Hanna.

»Der Kapitän war mein Vater«, sagte die Reisetante.

Wir sahen einander an und wussten gar nicht, was wir sagen sollten. Die Geschichte war richtig traurig. Und jetzt schniefte die Reisetante auch noch und zog ein Taschentuch aus einer ihrer tausend Westentaschen, in das sie sich ein paarmal schnäuzte, bevor sie uns wieder ansehen und was sagen konnte.

»*Ich* glaube *nicht* an Märchen«, sagte sie. »Und ich glaube auch nicht an Inseln, die auf keiner Seekarte eingezeichnet sind. Ich glaube nur, was ich sehe, rieche oder schmecke, und an das, was ich drücken kann. – Ich dachte, das sollt ihr wissen.«

»Warum?«, fragte Timo.

»Ja, *warum* sollen wir das wissen?«, wunderte sich Tiina.

Die Reisetante sah uns immer noch an. Und allmählich wurde uns ein bisschen mulmig dabei. Ein ganz komisches Gefühl war das, als würde es überall kribbeln und man könnte sich nicht kratzen. Wir waren ganz still.

Und mitten in die Stille sagte die Reisetante: »Weil ich eure neue Lehrerin werde. Euer Lehrer hat eine neue Stelle bekommen, er wird Direktor der berühmten Schwimmenden Schule«, erklärte sie uns. »Es ist eine sehr gute Schule, die im Herbst aufs Meer hinaussegelt und im Frühling in den Hafen zurückkehrt. Vielleicht habt ihr schon davon gehört.«

Das hatten wir, aber dass unser Lehrer dort Direktor werden wollte, war uns neu.

»Und was ist mit seiner Familie?«, wunderte sich Hanna.

Wir schauten unauffällig zur Frau des Lehrers weiter hinten auf dem Schiff und fragten uns, ob sie wohl Bescheid wusste. Man konnte nur hoffen, dass sie Bescheid wusste, sonst hätte sie sich bestimmt gewundert, wenn der Lehrer am ersten Schultag im Herbst in die Schule gegangen und erst im Frühling wieder nach Hause gekommen wäre.

»Seine Familie kommt natürlich mit«, sagte die Reisetante mit gedämpfter Stimme.

»Und warum hat der Lehrer uns nichts davon erzählt?«, wollte Timo wissen.

»Weil er so ein rücksichtsvoller Mensch ist«, sagte

die Reisetante immer noch mit gedämpfter Stimme. »Wahrscheinlich denkt er schon seit Wochen über die richtigen Worte zum Abschied nach. *Ich* finde das, ehrlich gesagt, überflüssig. *Ich* sage, wenn jemand was zu sagen hat, soll er's direkt sagen, ohne Umschweife, so wie ich gerade. – So, jetzt wisst ihr Bescheid.«

Wir schauten unauffällig zu unserem Lehrer im Führerhäuschen hin. Er blinzelte in die Sonne und sah sehr zufrieden aus. Wir wussten, dass unser Lehrer immer schon Direktor werden wollte. Das war sein großer Traum. Er träumte nämlich von einem eigenen Büro mit einer Tür mit einem roten Lämpchen darüber, wenn er mal niemanden sehen wollte. Wir wussten nicht, ob die Tür zum Büro des Direktors der Schwimmenden Schule ein rotes Lämpchen hatte, aber wir wussten, dass für den Lehrer auch ohne rotes Lämpchen ein Traum wahr geworden war. Wir freuten uns für den Lehrer, aber richtig glücklich waren wir nicht. Der Lehrer würde in der Schule auf dem Meer bestimmt viel Spaß haben, aber ob wir an Land mit der neuen Lehrerin zurechtkommen würden, musste sich erst noch herausstellen – mit einer Frau, die nichts glaubte, bevor sie es gesehen, gerochen, geschmeckt oder gedrückt hatte.

»Habt ihr verstanden, was ich gesagt habe?«, fragte die Reisetante, die bald unsere neue Lehrerin war.

»Klar«, sagte ich.

»Wir erzählen auch bestimmt keine Märchen«, versprach Hanna.

»Und wir selber sind auch nicht unsichtbar wie manche Inseln«, versicherte Timo.

»Man kann uns sogar schmecken«, fügte ich hinzu.

»Und riechen«, versprach Mika.

»Und von mir gibt's eins auf die Nase, wenn mich jemand zu drücken versucht«, verkündete der Rambo.

»Ich find's komisch, auf einem Schiff in die Schule zu gehen. Was machen die zum Beispiel, wenn sie im Sport Eishockey spielen wollen?«, wunderte sich Pekka.

Die Reisetante, die nach den Ferien unsere neue Lehrerin werden sollte, stand auf und strich ihre Hose glatt. Sie sah uns immer noch an, aber ihr Blick war wenigstens nicht mehr so eiszapfenkalt. Vielleicht lag es daran, dass wir uns schon ein bisschen an ihn gewöhnt hatten. Und so viel anders als der Blick, mit dem uns der Lehrer manchmal nach einer Klassenarbeit ansah, war er auch wieder nicht. Die Reisetante, die unsere Lehrerin werden sollte, sah für einen Moment so aus, als wollte sie noch was sagen, aber dann schüttelte sie den Kopf und ging ins Führerhäuschen zu unserem Lehrer, der bald nicht mehr unser Lehrer sein würde.

»Wie viel verstehst du eigentlich von dem, was sie sagen?«, hörten wir die Reisetante den Lehrer fragen.

»Nicht mal die Hälfte«, gestand der Lehrer. »Aber daran gewöhnt man sich. Wenn du einen Rat haben willst: Lächle! Und lobe sie, wenn sie eine Antwort aus mehr als zwei Wörtern geben. Mir hat man das gleich zu Beginn der Lehrerausbildung beigebracht – dir nicht?«

»Ich hab nie wirklich eine Lehrerausbildung gemacht. Von meiner Ausbildung her bin ich Marineoffizier«, sagte die Reisetante so leise, dass wir es gerade noch hören konnten.

»Wirklich?«, sagte der Lehrer. »Nun ja, letzten Endes ist es vielleicht egal, ob man ein Schiff oder eine Schulklasse durch schwere Stürme manövriert. Es ist in jedem Fall ein wildes Spektakel, den Familien zu Hause wird angst und bange, und jeder denkt, er weiß es besser.«

Die Reisetante nickte, sagte aber nichts.

»Sieht fast so aus, als würde ein Sturm aufziehen«, sagte nach einer Weile der Lehrer.

»Ausgezeichnet. Stürme stärken den Charakter«, sagte die Reisetante mit einem Lächeln.

Der Notfall

Am Nachmittag hielten wir eine Besprechung ab, nur meine Freunde und ich. Wir versammelten uns unter Deck in der Kajüte. Der Himmel war bewölkt, und die Wellen waren schon so hoch, dass die *Pekka Superstar* ordentlich schlingerte und schaukelte. Unter Deck merkte man das noch viel mehr als oben, stellten wir fest.

»Ich hab so ein Gefühl, dass nicht mehr viel Zeit ist«, begann Hanna.

»Überhaupt nicht«, sagte ich.

»Hanna hat recht. Es muss schnell gehen, sonst gibt's ein Unglück«, sagte Timo.

»*Richtig* schnell«, stellte Tiina fest.

»Vielleicht ist es schon zu spät …«, grübelte Mika.

»Ich …«, fing der Rambo an, konnte den Satz aber nicht zu Ende sprechen. Er blies nur plötzlich die Backen auf und rannte nach oben.

Den Rest der Besprechung hielten wir auf dem Vorderdeck ab. Der Himmel war dunkelgrau. Die Reisetante stand wieder am Steuer und hatte die Kapitänsmütze auf. Wir fuhren auf eine Insel zu. Auf der Insel war ein Fischerdorf mit einem kleinen Hafen, in dem wir anlegen wollten. Es war nicht mehr weit bis dorthin.

»Ich hab so das Gefühl, wir müssen bald was unternehmen«, begann wieder Hanna, aber diesmal ging es zum Glück nicht darum, dass wir über die Reling kotzen mussten. Hanna redete davon, dass wir was dagegen unternehmen mussten, dass der Lehrer an die Schwimmende Schule wechselte und wir nicht.

»Ich werde ihn vermissen«, sagte ich.

»Ich auch«, sagte Tiina.

»Ich auch«, gab Timo zu.

»Von mir kriegt er eins aufs rote Lämpchen, wenn er abhaut«, drohte der Rambo.

»Ich hab Heimweh«, schniefte Mika.

»Ich werde euch ganz unheimlich vermissen«, sagte Pekka.

»Wieso *uns*?«, wunderte sich Hanna.

»Wenn der Lehrer an die Schwimmende Schule geht, geh ich mit«, stellte Pekka klar.

Wir schauten Pekka verwundert an, und Pekka grinste zufrieden. Er übte gerade mit dem Ankerseil einen Seemannsknoten knüpfen.

»Klasse Idee«, sagte Timo nachdenklich.

»Wenn wir mit an die Schwimmende Schule gehen,

kann sich die Reisetante andere Schüler zum Schmecken und Riechen suchen«, wusste Tiina.

»Und wie sollen wir das machen?«, fragte ich.

»Ich hab einen Plan«, sagte Tiina.

Jetzt sahen wir Tiina verwundert an. Sie war sonst immer so normal, und jetzt hatte sie schon wieder so was Bestimmermäßiges in der Stimme. Auf jeden Fall war ihr Plan genial einfach: Wir brauchten dem Lehrer nur zu zeigen, was wir für gute Seeleute waren, dann konnte er gar nicht anders: Dann *musste* er uns in seine neue Schule aufnehmen.

»Und *wie* zeigen wir ihm das? Was machen Seeleute überhaupt?«, fragte sich Hanna.

»Knoten«, sagte Pekka und zeigte uns den Seemannsknoten, den er ins Ankerseil geknüpft hatte.

Das stimmte natürlich. Wenn man ein Seemann sein will, muss man erst mal Knoten können.

»Knoten sind die Lebensversicherung des Seemanns«, wusste Timo.

Also beschlossen wir, dem Lehrer zu zeigen, was wir konnten. Wir würden so schöne Knoten machen, dass der Lehrer gar nicht anders konnte, als uns in seine Schwimmende Schule aufzunehmen. Wir würden Schüler der Schwimmenden Schule werden und zusammen mit dem Lehrer über die sieben Meere schippern.

Als Erstes knotete Timo das Ankerseil schön um Hanna. Dann knotete Hanna das Seil schön um Tiina. Tiina knotete das Seil dann um Mika und mich, und Mika, die alte Heulsuse, fing an zu weinen, weil der Rambo ihm drohte, dass er ihm eine Schleife in die Nase knotet, wenn er kommt und das Seil um ihn knoten will. Also knotete Mika das Seil lieber um Pekkas Fuß, und Pekka blieb leider nichts mehr zum Knoten übrig, weil das Seil zu Ende war.

Wir waren sehr zufrieden mit unseren Knoten. Sie waren genauso fest und kräftig, wie Seemannsknoten sein sollen. Mit solchen Knoten schafften wir es bestimmt an die Schwimmende Schule. Unsere Knoten waren *so* fest und kräftig, dass sie keiner von uns wieder aufkriegte. Der Rambo war der Einzige von uns, der nicht festgeknotet war.

»Du musst den Lehrer holen, damit er sich unsere Knoten anschaut«, sagte Hanna zu ihm.

»Ich mach dir einen Knoten in die Beine, wenn ich den Lehrer holen muss«, sagte der Rambo.

»Hol den Lehrer, sonst können wir die Schwimmende Schule vergessen«, bat Timo.

»Ich geb dir eins auf die Schiffsglocke, wenn ich in die Schwimmende Schule gehen muss«, sagte der Rambo.

»Bitte, bitte, hol den Lehrer!«, bettelte ich. »Sei lieb!«

»Ich hau dir den Anker um die Ohren, wenn ich lieb sein muss«, sträubte sich der Rambo.

»Ramboschätzchen, hol den Lehrer!«, flötete Tiina und klimperte mit den Augen.

»Ich klimper dir gleich eins auf die Wimper, Herzchen«, knurrte der Rambo.

»Ich an deiner Stelle würde den Lehrer holen«, sagte Mika weinerlich.

»Und du kannst gleich den Arzt holen«, sagte der Rambo.

Allmählich gaben wir die Hoffnung auf. Aber zum Glück hatte Timo eine Idee. Timo ist eben doch ein Genie, auch wenn wir uns schon ein bisschen Sorgen gemacht hatten. »Komm bloß nicht auf die Idee, den Lehrer zu holen!«, sagte er zum Rambo und zwinkerte uns anderen dabei zu.

Aber der Rambo fiel nicht drauf rein. »Mach ich auch nicht, keine Sorge«, sagte er.

Jetzt hatten wir nur noch eine Hoffnung, und die hieß Pekka. Pekka war der Einzige, auf den der Rambo manchmal hörte.

»Pekka, bitte du ihn, den Lehrer zu holen!«, bat Hanna.

»Ich?«, fragte Pekka.

»Pekka, mach schon, sag ihm, er soll den Lehrer holen!«, bat ich.

»Ich kann nicht«, sagte Pekka.

»Wieso kannst du nicht?«, wunderte sich Tiina.

»Weil ich dringend aufs Klo muss. Aber ich bin gleich zurück«, sagte er und ging in Richtung Kajüte. Er kam aber nicht weit, weil sein Fuß immer noch an Mika und Mika an mich und ich an Tiina und Tiina an Hanna und Hanna an Timo geknotet war. Uns blieb nichts anderes übrig, als hinter Pekka herzulaufen.

»Hört auf, mir nachzulaufen!«, sagte Pekka und warf uns böse Blicke zu.

Wir konnten aber trotzdem nicht anders, als ihm einer nach dem anderen hinterherzulaufen.

»Ich komm allein zurecht«, sagte Pekka unten in der Kajüte an der Klotür. Dann wollte er reingehen, aber das Seil war so kurz, dass Mika und ich und Tiina und Hanna und Timo mitmussten. Am Ende waren wir ganz schön viele auf dem Schiffsklo, das leider nicht sehr groß war.

»Könntet ihr bitte rausgehen? Ich wär jetzt gern allein«, bat Pekka.

»Das geht nicht, das Seil ist zu kurz«, sagte Hanna.

»Aber wir versprechen, dass keiner guckt«, versprach Timo.

»Tu einfach so, als gäbe es uns gar nicht«, sagte Tiina.

»Es braucht dir nicht peinlich zu sein. Wir hören und sehen nichts«, versicherte ich ihm.

»Sicher?«, fragte Pekka unsicher.

»Ganz sicher«, versicherte ihm Hanna.

»Na gut«, sagte Pekka.

»Aber mach schnell, ich muss auch pinkeln«, sagte Mika.

»Ich muss nicht bloß pinkeln«, sagte Pekka.

Danach war es für einen Augenblick ganz still auf dem kleinen Klo. Dann war ein leises Plopp zu hören, als Pekka den obersten Knopf seiner Hose aufmachte.

»Hilfe!«, schrien wir anderen.

»Lasst uns raus!«, schrien wir und versuchten mit allen Mitteln, aus dem kleinen Klo herauszukommen. Hanna kroch unter Timos Arm durch, ich drängte mich an Mika vorbei, und Tiina krabbelte zwischen meinen Beinen durch. Wir wanden und kringelten und verknoteten uns, bis keiner mehr auch nur ein Ohr bewegen konnte, nicht mal Pekka.

Und genau in dem Moment kam der Lehrer mit der Reisetante. Der Rambo hatte sie doch noch geholt, weil er sich Sorgen machte, dass wir überhaupt nicht mehr zurückkamen.

Der Lehrer sah uns an wie immer, aber die Reisetante kratzte sich unter der Kapitänsmütze den Kopf.

»Habt ihr in eurer Ausbildung über Situationen wie diese gesprochen?«, fragte der Lehrer.

»Nein«, sagte die Reisetante. »Ihr in eurer?«

»Nein«, sagte der Lehrer.

»Dir fallen aber bestimmt tausend und eine Geschichte ein, die das Spektakel hier erklären könnten«, vermutete die Reisetante.

»Im Augenblick keine einzige«, bedauerte der Lehrer.

»Glaubst du, wir können sie einfach da drinlassen?«, fragte die Reisetante hoffnungsvoll.

Der Lehrer sah sie verdutzt an.

»Ich glaube nicht«, sagte er. »Ich denke, wir brauchen das Klo noch. – Du willst doch nicht etwa aufgeben?«, fragte er nach einer kurzen Pause.

»Selbstverständlich *nicht*«, versicherte die Reisetante, aber ihre Stimme zitterte ein bisschen dabei. »Und was glaubst du, was hier vor sich geht?«, fragte sie den Lehrer, ohne uns aus den Augen zu lassen.

»Es handelt sich eindeutig um einen Fall mit Doppelknoten«, sagte der Lehrer.

»Um was für einen *Fall?*«, wunderte sich die Reisetante.

»Einen Notfall«, sagte Pekka verzweifelt.

Der Stegtroll

Es ärgerte uns ein bisschen, dass wir nie erfuhren, was der Lehrer von unseren Knoten hielt. Er sagte nämlich kein Wort, während er das Ankerseil mit einem Messer in Stücke schnitt.

Aber das Fischerdorf fanden wir dann alle romantisch. Oder wir Mädchen fanden es romantisch. Die Jungs fanden es nur eine fürchterliche Ansammlung von Bretterbuden, aber wahrscheinlich meinten sie genau dasselbe.

Die Häuser waren alle rot und standen geschützt vor Sturm und Wind um eine kleine Bucht. Es gab einen kleinen Hafen mit einem langen Landungssteg, an dem außer unserem Schiff eine Reihe Fischerboote lagen. Nicht weit von seinem Ende standen die Boots- und Netzschuppen der Fischer. In dem Dorf gab es so gut wie keine Straßen, nur schmale Gassen zwischen den Häusern und einen kurzen Weg, der vom Landungssteg zum einzigen Laden führte.

Ein freundlicher Mann war gekommen, um uns zu begrüßen. Dann führte er uns zu einem der Schuppen, der auf Pfählen ins Wasser gebaut und an einem Ende offen war. Drinnen an den Wänden hingen Netze und Bojen und andere Dinge, wie sie Fischer auf ihren Booten brauchen.

In dem Schuppen waren wir geschützt vor dem Regen, der gerade einsetzte.

Es war dann aber nur ein dünner Nieselregen, obwohl der Himmel erst so bedrohlich ausgesehen hatte. Die Frau des Lehrers und Mikas Mutter bereiteten in dem offenen Schuppen auf einem Campingkocher das Mittagessen zu. Der Lehrer und die Reisetante waren in den Dorfladen gegangen, um unsere Vorräte aufzustocken, und Pekkas Vater angelte draußen am Ende des Stegs. Meine Freunde und ich betrachteten abwechselnd den grauen Himmel und das Dorf, das uns irgendwie ein bisschen zu still vorkam.

Uns war langweilig, aber zum Glück dachte sich Tiina ein Spiel aus. Timo war sonst der, der sich Spiele ausdachte, aber Timo war eindeutig nicht in Bestform. Vielleicht kam Tiina einfach besser mit dem Meer zurecht.

Der Fischerschuppen stand auf seinen dicken Pfählen wie ein eckiger Elefant. Wenn man ans Ufer wollte, musste man über einen schmalen Steg. Der Steg war auch auf Pfähle gebaut, und die Pfähle waren knapp über dem Wasser mit Balken verbunden. Man konnte oben auf dem Steg laufen oder, wenn man keine Angst hatte, unten auf den Balken. Man musste nur aufpassen, sie waren ein bisschen glitschig.

Tiina hatte keine Angst. Sie ging über den Steg an Land, rupfte ein paar Halme Uferschilf aus und balancierte unten über die Balken zurück.

»Ich bin der hässliche Stegtroll«, heulte sie. »Wer diesen Steg betritt, den pikse ich um den Verstand!«

Das Spiel war, dass wir die Schuhe ausziehen und uns auf den gefährlichen Weg an Land machen sollten. Der Weg war so gefährlich, weil der Troll uns durch die Ritzen des Stegs mit den Schilfhalmen pikste. Dann mussten wir natürlich ausweichen, und wenn der Troll jemanden erwischte, musste der zu ihm unter dem Steg klettern und selbst Troll werden. Dann wurde der Weg über den Steg noch gefährlicher, weil jedes Mal zwei Halme mehr durch die Ritzen piksten.

Wir hatten viel Spaß, und als alle erwischt waren, wollten wir wieder von vorn anfangen. Wir losten gerade aus, wer als Erster hässlicher Stegtroll sein sollte, als Pekkas Vater auftauchte.

»Darf ich mitspielen?«, fragte er, und natürlich ließen wir ihn mitspielen. Er wurde auch gleich als Anfangstroll ausgelost.

Mit ihm wurde es noch ein größerer Spaß als beim ersten Mal. Pekkas Vater war der beste hässliche Stegtroll der Welt. Er war ein so guter Troll, dass er da unten unter dem Steg ganz allein zurechtkam. Außer dass er so schnell wie eine Nähmaschine piksen konnte, schaffte er es mit seinen langen Armen auch noch, einen ohne Vorwarnung von der Seite des Stegs aus am Knöchel zu packen. Aber nicht einfach mit der normalen Hand: Pekkas Vater fasste immer erst ins Wasser und in das schlierige grüne Algenzeug, das um den Steg herum wuchs. Es war richtig unheimlich, wenn man loslief und einen plötzlich eine schleimige grüne Klaue am Knöchel packte.

Wir wollten gerade eine neue Runde anfangen, und Pekkas Vater lauerte schon unterm Steg, als der Lehrer und die Reisetante mit den Armen voller Einkaufstüten aus dem Dorfladen zurückkamen. Meine Freunde und ich standen am Ufer. Diesmal mussten wir über den Steg zum Fischerschuppen zurück. Dass der Lehrer und die Reisetante einkaufen gegangen waren, hatten wir über das tolle Spiel ganz vergessen. Als die beiden näher kamen, sahen wir ihre nackten Füße. Sie hatten die Schuhe ausgezogen und sie mit zusammengebundenen Schnürsenkeln um den Hals gehängt, wahrscheinlich weil der Weg nach dem Regen ein bisschen matschig war.

»Wofür steht ihr Schlange, wenn man fragen darf?«, fragte die Reisetante.

»Der Steg ist geschlossen«, sagte Timo.

»Er ist nämlich kaputt«, sagte Hanna.

»*Ihr* solltet ihn auch nicht benutzen«, rief ich.

»Er kann jederzeit einstürzen«, warnte Tiina.

»Es setzt was, wenn ihr drübergeht«, verkündete der Rambo.

»*Ich* kann jedenfalls nichts dafür, wenn was passiert«, sagte Mika mit weinerlicher Stimme.

»Geht nur, das wird lustig!«, sagte Pekka erwartungsvoll.

Die Reisetante sah den Lehrer fragend an, und der Lehrer schüttelte den Kopf. »Nein«, sagte er, »ich verstehe genauso wenig wie du.«

Und da versuchten wir, wenigstens Pekkas Vater zu warnen. Er konnte da unten ja nicht wissen, dass die Reisetante und der Lehrer zurückgekommen waren.

»Achtung, Troll, es kommt ein großer Ziegenbock!«, rief ich mit lauter Stimme.

»*Zwei* große Ziegenböcke«, verbesserte mich Hanna.

»Oder eigentlich ein großer und ein kleiner Ziegenbock, ein Böcklein, könnte man sagen«, stellte ich richtig.

»Kann man eben *nicht*«, sagte Timo, der fast alles

weiß. »Ein Ziegenbock und eine Ziege muss es heißen.«

»Jedenfalls kriegt der Troll eins auf die Hörner, wenn er nicht achtgibt«, drohte der Rambo.

»Na los, geht schon!«, drängelte Pekka, während der Lehrer und die Reisetante einander ansahen und sich zaghaft auf den Weg machten.

»Deine Schüler lesen eindeutig zu viele Märchen«, bemerkte die Reisetante.

»Mag sein«, gab ihr der Lehrer recht.

»Ich sag's dir noch mal: Märchen sind nicht gut für Kinder. Sie bringen sie dazu, an Sachen zu glauben, die es nicht gibt«, sagte die Reisetante.

»Mag sein«, gab ihr der Lehrer recht.

Und dann packte der hässliche Stegtroll zu.

Der Ziegenbock und die Ziege hatten keine Chance, als der Troll ihnen durch die Ritzen des Stegs in die Fußsohlen pikste wie ein wild gewordener Specht. Der ganze Steg wackelte, als der Lehrer und die Reisetante kreischend auf und nieder hopsten, um dem Gepikse auszuweichen. Aber es war alles umsonst. Pekkas Vater war einfach viel zu schnell. Er traf bei jedem Versuch. Und der Lehrer und die Reisetante wussten nicht, *was* sie zum Hopsen brachte, denn mit den Einkaufstüten in den Armen konnten sie nicht mal ihre Füße sehen.

»Seeigel! Das müssen Seeigel sein!«, kreischte der Lehrer.

»Kugelfische! Das sind Kugelfische!«, kreischte die Reisetante.

»Zackenbarsche!«, rief der Lehrer. »Es sind Zackenbarsche!«

»Stachelrochen!«

»Säbelfische!«

»Rette sich, wer kann!«, rief die Reisetante und machte einen Riesensatz ins Wasser. Der Lehrer war so überrascht, dass er mitten im Hopsen stehen blieb. Sogar der Troll gab für einen Augenblick Ruhe und wunderte sich.

»Sie sollte sich ein Beispiel an mir nehmen, aber doch nicht so«, seufzte der Lehrer und schaute über seine Tüten hinweg, ob die Reisetante bald wieder auftauchte. Als sie es prustend tat, sah er, dass sie ihre im Wasser treibenden Einkäufe retten wollte.

»Jetzt sollte man eine Kamera haben«, ärgerte sich der Lehrer.

Und genau dasselbe wünschten wir uns auch, als wir sahen, wie von seitlich unter dem Steg ein langer Arm auftauchte und eine schleimige grüne Klaue den Lehrer am Knöchel packte.

Wir waren unheimlich stolz, dass unser Lehrer

noch weiter sprang als die Reisetante. Er sprang sogar über die Reisetante weg, und als er ins Wasser klatschte, spritzte es bis ans Ufer.

»Klasse Idee!«, rief Pekkas Vater unter dem Steg und machte einen Kopfsprung ins Wasser.

»Klasse Idee!«, riefen meine Freunde und ich und sprangen hinterher.

»Mipftidee!«, prustete die Reisetante, während sie ans Ufer watete.

»Mikas Mutter hat erzählt, ihr Mann hat ...«, begann die Frau des Lehrers, aber dann nahm sie doch lieber erst mal einen Rettungsring von der Schuppenwand und warf ihn ihrem Mann an den Kopf.

»Mikas Vater interessiert mich nicht!«, war das Letzte, was wir von unserem Lehrer hörten, solange er noch im Wasser war.

Räuber und Gendarm

Wir saßen in einer Reihe an der Wand des offenen Schuppens und hörten zu, wie die Erwachsenen über Erziehung redeten. Sie konnten sich aber nicht einigen, außer dass speziell wir, also unsere Clique, meine Freunde und ich, uns angeblich wie kleine Kinder aufführten.

Das fanden *wir* natürlich überhaupt nicht, schon deshalb, weil wir im letzten Schuljahr alle ein ziemliches Stück gewachsen waren.

»Meiner Meinung nach haben diese Kinder keine Disziplin und dafür schlechte Manieren. Disziplin müssten sie als Erstes lernen«, fing die Reisetante an.

»Ich finde, es sind ganz normale Kinder«, sagte die Frau des Lehrers.

»Sagtest du *Kinder?*«, wunderte sich der Lehrer.

»Unser Mika ist jedenfalls ein guter Junge. Die anderen müssen ihn zum Mitmachen *gezwungen* haben«, behauptete Mikas Mutter.

»Und unser Pekka kann klasse Eishockey spielen«, sagte Pekkas Vater stolz.

»Kinder können nur an ihren Aufgaben wachsen«, fuhr die Reisetante fort. »Man muss sie *fordern.*«

»Kinder wachsen *überhaupt nicht*, wenn man *zu viel* von ihnen fordert«, sagte die Frau des Lehrers.

»Unser Pekka ist diesen Sommer schon zwei Zentimeter gewachsen, und wir haben gerade mal Ende Juni«, freute sich Pekkas Vater.

»Unser Mika wird nur traurig, wenn zu viel von ihm gefordert und dauernd an ihm herumgemeckert wird«, warnte Mikas Mutter.

Darauf folgte ein langes Schweigen, und die ganze Zeit starrte uns die Reisetante an. Ihr stechender Blick pikste schlimmer als zehn Stegtrolle.

»Ich mache mir Sorgen um diese Kinder«, sagte sie schließlich. »Wenn sie für so einen Unfug nicht bestraft werden, lernen sie auch nichts daraus.«

Die anderen Erwachsenen sagten nichts und starrten nur auf ihre Füße.

»Ich verlange, dass wir uns hier und jetzt auf eine Strafe verständigen, sonst bin ich erstens nicht mehr eure Reiseführerin, und zweitens werde ich auch nicht …«

Die Reisetante sprach den Satz nicht zu Ende und sah den Lehrer vielsagend an. Wir wussten, was sie meinte, und der Lehrer wusste es auch.

»Du willst also doch aufgeben?«, fragte der Lehrer müde.

»Ich denke sehr ernsthaft darüber nach«, sagte die Reisetante.

Meine Freunde und ich hielten den Atem an. Alle wünschten sich natürlich von Herzen, dass die Reisetante aufgab. Denn dann konnte der Lehrer nicht an die Schwimmende Schule wechseln, und wir brauchten es auch nicht, und alles konnte so schön weitergehen wie bisher. Der Lehrer seufzte tief und sah uns an.

»Diese Kinder haben nur eine blühende Fantasie, und das muss auch so sein«, verteidigte er uns.

»Die blühende Fantasie muss man ihnen austreiben, *so* wird ein Schuh draus«, behauptete die Reisetante. »Wenn sie nämlich keine so blühende Fantasie hätten, kämen sie auch nicht auf die verrückte Idee, unschuldige Erwachsene mit Schilfhalmen durch Ritzen in einem Steg hindurch zu piksen – und auch noch in die nackten Füße!«

»Auf solche Ideen kämen die garantiert auch ohne blühende Fantasie«, vermutete der Lehrer.

»Außerdem war *ich* der hässliche Stegtroll«, gestand Pekkas Vater.

Das hatte die Reisetante natürlich nicht gewusst. Jetzt, wo sie es wusste, warf sie Pekkas Vater einen Blick zu, als wollte sie ihn auch gleich piksen. Aber erst mal schnaubte sie nur.

»Aber *ich* hab mir das Spiel ausgedacht«, verkündete Tiina und stand dabei auf, als wären wir in der Schule.

»Und ich *hätte* es mir ausgedacht, wenn es mir eingefallen wäre«, ärgerte sich Mika und stand auch auf.

»Mika, setz dich hin! Du hättest dir so was nie im Leben ausgedacht«, sagte Mikas Mutter, aber Mika setzte sich nicht.

»Bestraft uns doch, das macht uns gar nichts aus!«, sagte Tiina furchtlos.

»Verurteilt uns!«, bat Timo und stand auf.

»Fesselt uns!«, verlangte Hanna und stand auf.

»Werft uns ins Gefängnis!«, forderte ich und stand auf.

»Ich klemm euch einzeln zwischen die Gitterstäbe, wenn ihr mich nicht einsperrt«, versprach der Rambo und sprang auf wie ein Boxer, wenn der Gong zur nächsten Runde ertönt.

»Wenn meine Mama es erlaubt, will ich auch eingesperrt werden«, verkündete Mika.

»Kommt überhaupt nicht infrage«, sagte Mikas Mutter. »Nachher erkältest du dich noch in der zugigen Zelle.«

Wir standen in einer Reihe und starrten die Erwachsenen trotzig an. Wir waren bereit, uns furchtlos allem zu stellen, was uns die Zukunft bescherte. Es war klasse. Wir waren die drei Musketiere, außer dass wir zu sechst waren. Wir waren unbesiegbar, und das spürten die Erwachsenen. Sie saßen schweigend da und starrten uns an, als könnten sie nicht glauben, was sie sahen. Sogar der Reisetante fiel nichts mehr ein.

»Jetzt wollen wir mal nicht übertreiben«, sagte die Frau des Lehrers, die als Erste wieder Worte fand.

»Hier auf der Insel gibt es gar kein Gefängnis. – Wie wär's, wenn wir euch erst mal nur unter dem Steg durch kielholen*«, schlug der Lehrer vor.

»Unser Mika darf nicht tauchen. Er hat empfindliche Ohren«, lehnte Mikas Mutter den Vorschlag ab.

»Immerhin: An Teamgeist fehlt es ihnen nicht. – Vielleicht wäre das ein Grund, die Strafe zu mildern«, gab überraschend die Reisetante zu bedenken.

»Wenn *wir* die Häftlinge sind, wer passt dann eigentlich auf, dass wir nicht abhauen?«, fragte Pekka.

Das hatten sich die Erwachsenen komischerweise noch gar nicht überlegt.

»*Ich* könnte das übernehmen«, sagte Pekkas Vater

* Für Landratten: »Kielholen« war eine alte Seemannsstrafe, bei der jemand an einen Strick gebunden und unter dem Schiff hindurch durchs Wasser gezogen wurde.

begeistert. »Ich war schon als Kind immer gern Gendarm.«

Jetzt, wo es einen Gendarm gab, wurde die milde Strafe so beschlossen.

Wir mussten ins Gefängnis, und es war sehr lustig. Wir waren die Räuber und hauten ständig ab, und der

Gendarm musste uns wieder einfangen. Er war aber ein netter Gendarm, und wir mussten nie lange im Gefängnis bleiben, weil er immer vergaß, die Zellentüren abzuschließen. Wir spielten, bis es Nacht wurde.

Der Lehrer, die Frau des Lehrers, die Reisetante und Mikas Mutter redeten noch den ganzen Abend über Erziehung. Sie hatten jeder eine Meinung, und keine passte zur anderen. Bei der Erziehung handelte es sich scheinbar um eine echt komplizierte Sache, und wir waren froh, dass wir dafür noch zu klein waren.

»Puh!«, hörten wir die Stimme des Lehrers im Nachbarzelt, als wir schon in unseren Schlafsäcken lagen. Draußen regnete es jetzt in Strömen.

»Was ist?«, hörten wie die Frau des Lehrers.

»Unser Kind ist noch so klein«, sagte der Lehrer. »Ich musste gerade daran denken, wie lange wir es noch erziehen müssen, bis es groß ist.«

»Da sagst du was«, sagte die Frau des Lehrers. »Ich musste schon den ganzen Abend daran denken.«

»Vater und Mutter ist man ein Leben lang«, seufzte der Lehrer.

Als wir das hörten, mussten wir leise lachen: Den ganzen Abend hatten die Erwachsenen über den Sinn von Strafen geredet, und selber hatten sie lebenslänglich.

Das große Buch der Natur

Am nächsten Morgen war schönes Wetter. Der Regen hatte den Himmel blau gewaschen, das Meer schlug ruhige Wellen, und die Möwen segelten am Himmel wie Papierflieger. Die Wärme der Sonne trocknete den Steg, von dem ein Duft von Teer und Salz aufstieg.

Wir standen fertig angezogen im Halbkreis um die Reisetante. Sie hatte sich in der Nacht erholt und offensichtlich beschlossen, es noch einmal mit uns zu versuchen.

»Schluss mit den Fantastereien!«, hatte sie nach dem Frühstück ausgerufen. »Heute werden wir das große Buch der Natur kennenlernen.«

»O-oh!«, sagte der Lehrer.

»Ist was?«, fragte ihn die Reisetante.

»Nein, nein, klasse Idee«, ermutigte sie der Lehrer.

Meine Freunde und ich fanden die Idee auch klasse. Und natürlich wollten wir das Buch auch gleich sehen.

»Äh ... wie? Ach so ... Nein, nein, *das große Buch der Natur* sagt man nur so, es ist bildlich gesprochen, versteht ihr?«, sagte die Reisetante.

Klar verstanden wir das. Und es störte uns auch gar nicht. Bilderbücher fanden wir noch viel spannender als welche, die nur geschrieben sind.

Was die Reisetante dann austeilte, waren allerdings ganz kleine Büchlein, richtig mickrig waren die. Es waren zwar Bilder von Pflanzen, Vögeln, Fischen und Insekten drin, aber wir fanden es trotzdem ungerecht, dass die Reisetante das *große* Buch anscheinend für sich behalten wollte.

»Es gibt kein großes Buch der Natur in echt, ich hab's euch doch erklärt«, stöhnte die Reisetante.

»Aber gerade hast du doch noch versprochen, dass wir's heute kennenlernen. Wie können wir was kennenlernen, das es gar nicht gibt?«, fragte Timo.

»Ich glaube ganz bestimmt, dass man's kennenlernen kann. Wir haben sogar den Weihnachtsmann kennengelernt, obwohl es ihn angeblich nicht gibt«, sagte Hanna, und sie hatte vollkommen recht. Wir alle wussten, dass der Weihnachtsmann der Vater unseres Lehrers war. Wir hatten ihn bei einem Besuch in Lappland kennengelernt*, aber das würden wir der Reisetante natürlich nicht erzählen. Wir zwinkerten dem Lehrer zu, dass er sich keine Sorgen zu machen brauchte.

* Wie das war, steht in dem Buch »Ella auf Klassenfahrt«.

»Was schneiden die denn plötzlich für Grimassen?«, fragte die Reisetante den Lehrer. »Soll das eine Verschwörung werden?«

»Aber nein«, sagte der Lehrer. »Solche Zuckungen sind bei ihnen ganz normal.«

»Aha«, sagte die Reisetante und versuchte, es noch mal zu erklären. Das große Buch der Natur stehe jedem offen, der es lernen wolle, erklärte sie uns. Und wir erklärten ihr, dass wir es ja alle lesen *wollten*, aber wenn sie es uns nicht zeige, dann ginge das eben nicht. Da schüttelte sie nur den Kopf, und wir fanden alle, dass sich die Reisetante heute Morgen ein bisschen seltsam benahm.

Gleich nach dem Kopfschütteln teilte sie uns dann in zwei Gruppen auf. Zur ersten gehörten außer ihr selbst Mika, Tiina, Timo und Hanna. Zur anderen Gruppe gehörten außer mir der Lehrer, Pekka und der Rambo. Die Reisetante erklärte, dass wir einen Wettkampf machen würden, und die Gruppe, die auf der Insel mehr Tiere und Pflanzen fand und bestimmte, sollte der Sieger sein. Von dem großen Buch sagte sie kein Wort mehr.

»Die Gruppenaufteilung ist unfair«, quengelte der Lehrer.

»Sei still und tu, was man dir sagt!«, forderte ihn die Reisetante auf.

»Was ist denn der Preis für den Sieger?«, wollte Timo wissen.

»Ich schlage vor, dass das älteste Mitglied der Siegergruppe für den Rest der Reise die Kapitänsmütze tragen darf«, schlug der Lehrer vor, aber die Reisetante hörte es anscheinend nicht.

»Der höchste Preis ist die Zufriedenheit mit der getanen Arbeit«, verkündete sie und führte ihre eigene Gruppe ins Innere der Insel.

In unserer Gruppe wunderten wir uns, dass der Lehrer uns nirgendwohin führte. Stattdessen streckte er sich auf dem Steg zum Schuppen aus und faltete die Hände hinter dem Kopf.

»Es lohnt sich nicht, kopflos auf der Insel herumzurennen«, versicherte er uns. »Wir halten uns an die Vögel. Davon gibt es hier auf dem bequemen Steg genauso viele wie anderswo auch. Ihr sagt mir, was ihr für Vögel seht, und ich bestimme sie. Ich bin ein Meisterbestimmer, falls ihr das noch nicht wisst.«

Dann schloss er die Augen, und wir hörten ihn nur noch leise murmeln.

»Außerdem falle ich sowieso nur ins Wasser, wenn ich auf den Uferfelsen herumbalanciere – ich bin doch nicht blöd«, murmelte er.

So kam es, dass der Lehrer sicher auf dem Steg lag,

während wir nach Vögeln Ausschau hielten. Wir fanden alle, das war eine klasse Idee.

Ich war die Erste, die einen Vogel sah.

»Er ist weiß mit schwarzen Flügeln und einem gelben Schnabel mit einem roten Punkt darauf«, meldete ich.

»Eine Seemöwe, *Larus marinus*«, sagte der Lehrer, und wir schrieben es auf.

»Ein weißes Vieh, sehr groß mit einem langen Hals«, meldete Pekka.

»Ist der Hals gebogen?«, wollte der Lehrer wissen.

»Ja«, sagte Pekka.

»Ein Höckerschwan, *Cygnus olor*«, wusste der Lehrer, und wir schrieben es auf.

»Ich schnatter dem grünköpfigen Federklops eins auf den weißen Backenfleck, wenn ich ihn beschreiben muss«, teilte der Rambo mit.

»Hat dein Federklops einen schmalen Schnabel oder einen breiten?«, fragte der Lehrer.

»Nicht sehr schmal«, knurrte der Rambo.

»Eine Schellente, *Bucephala clangula*«, sagte der Lehrer, und wir schrieben es auf.

Wir beschrieben alle Vögel, die wir vom Steg aus sahen, und der Lehrer wusste sie jedes Mal. Es lief alles sehr gut. Schade war nur, dass uns die Vögel so schnell ausgingen. Bald war Pekkas Vater das einzige Lebewesen, das noch nicht beschrieben worden war. Er sonnte sich am Ende des Stegs, und ihn zu bestimmen war keine Kunst. Das hätten wir wahrscheinlich selbst gekonnt.

»Knallroter Bauch, hellerer Rücken, dunkler Kopf«, meldete ich.

»Pfeift er?«, fragte der Lehrer.

Wir horchten genau hin und hörten ein dünnes Pfeifen. Pekkas Vater schnarchte.

»Ein Dompfaff, *Pyrrhula pyrrhula*«, bestimmte der Lehrer, und wir schrieben es auf.

Die Reisetante mit ihrer Gruppe sahen wir inzwischen weit hinterm Dorf auf einem felsigen Hügel herumgeistern.

»Ich pfeif dem Grünrücken eins auf den spitzen Schnabel, wenn die gewinnen«, knurrte der Rambo.

»Ein Grünspecht, *Picus viridis*. Gut beobachtet«, bedankte sich der Lehrer.

Mikas Mutter rannte inzwischen der Reisetantengruppe hinterher, um Mika eine Mütze zu bringen, damit er sich nicht erkältete. Es war nämlich ein Hauch von Wind aufgekommen.

»Langer Hals, großer Schnabel, rosa Füße und ein breiter Schwanz«, meldete sich Pekka noch einmal.

»Eine Muttergans, *Furchtbarus geschnatterus*«, erklärte der Lehrer.

Dann war ich wieder dran.

»Strubbelkopf, rötliches Gesicht, nähert sich im Strurzflug und sieht gefährlich aus«, meldete ich, als ich sah, dass die Frau des Lehrers mit schnellen Schritten näher kam. Sie blieb vor dem Lehrer stehen und sah ziemlich sauer aus.

»Schwierig – ein älterer Vogel?«, fragte der Lehrer.

»Ziemlich«, gab ich zu.

»Großer Schnabel oder kleiner?«

»Eher groß«, sagte ich.

»Gibt er Laute von sich?«

»Noch nicht, aber sicher bald«, vermutete ich.

»Dann ist es eine Eiderente, *Sauerus sauerus*. Geh bitte nicht zu nah ran, ältere Exemplare können gefährlich werden«, warnte mich der Lehrer.

Seine Frau sah gerade wirklich ein bisschen gefährlich aus. Aber sie blieb ganz ruhig. Sie sagte nur:

»Ringe unter den Augen, bewegt sich tagsüber kaum, auffallend großer Kopf, im Profil an eine Brillenschlange erinnernd.«

Als er die Stimme hörte, riss der Lehrer die Augen auf. »Es könnte sich um einen alten Uhu handeln«, vermutete er.

»Stimmt genau«, antwortete seine Frau.

»Oder doch eine Eule?«

»Nein, Uhu stimmt. Genauer gesagt, ein Oberuhu, *Quasselus quasselus*.«

»Und wieso Brillenschlange? Ich erinnere mich noch, dass es das Profil eines griechischen Gottes sein sollte – das hast du selbst gesagt«, beschwerte sich der Lehrer, als ihn seine Frau am Ohrläppchen packte und ihm beim Aufstehen half.

»*Ich* erinnere mich *nicht*«, sagte sie.

Und dann wurde es sehr komisch, weil sie ihn nämlich am Ohrläppchen zum Rand des Stegs führte und ins Wasser schubste.

»Klasse Idee!«, rief Pekkas Vater, dessen Bauch jetzt noch ein bisschen röter als der eines Dompfaffs war.

»Habt ihr gehört, es hat gezischt«, sagte Pekka, als sein Vater ins Wasser tauchte. Aber das fanden wir übertrieben. Wir hatten es nur Klatschen gehört.

Aber ins Wasser springen war echt eine klasse Idee, und darum sprangen wir alle hinterher.

»Mikas Mutter sagt, ihr Mann spielt jetzt Golf«, sagte die Frau des Lehrers, während er prustend auf den Steg zurückkletterte.

»Sag ihr, ich war Kreisjugendvizemeister im Minigolf«, prustete der Lehrer.

Bald danach kehrten die Reisetante und ihre Gruppe von ihrer Expedition zurück. Sie hatten dreiundzwanzig Pflanzen bestimmt, sechsunddreißig Vögel, sieben Insekten, ein Reptil, zwei Säugetiere und einen Fisch, den Hanna mit Mikas Mütze gefangen hatte.

»Neun Vögel, ha!«, lachte die Reisetante, als sie unsere Liste sah.

»Zehn«, korrigierte sie der Lehrer. »Einer fehlt noch.«

»Und welcher?«, fragte die Reisetante.

»Ein Geier«, sagte der Lehrer.

»Wie bitte?«

»Ein Kappengeier, *Necrosyrtes monachus*«, sagte der Lehrer zu der Reisetante mit der Kapitänsmütze auf dem Kopf.

»Sehr unwahrscheinlich in diesen Breitengraden«, zweifelte die Reisetante und erklärte ihre Gruppe zum eindeutigen Sieger.

In unserer Gruppe fanden wir das natürlich unfair. Die andere Mannschaft hatte vielleicht mehr Tiere bestimmt, aber unsere waren garantiert seltener.

Die Lebensretter

Am nächsten Tag kam wieder der Regen, und sonst passierte eigentlich nichts. Wir hockten die meiste Zeit im Schuppen, und oben trommelte der Regen aufs Dach. Als er einen Moment Pause machte, gingen wir wenigstens ein bisschen die rutschigen Uferfelsen erkunden, und komischerweise fiel keiner von uns ins Meer. Danach versuchte uns die Reisetante das Morsen und die wichtigsten Flaggenzeichen beizubringen, aber der Rambo sagte, sie könne gern dreimal lang und dreimal kurz was auf die Morsetaste haben, wenn sie ihm mit so was Kompliziertem käme, und da ließ sie es lieber sein. Nur Pekka wollte noch wissen, was das Flaggenzeichen für Zebrastreifen war, aber das wusste die Reisetante scheinbar nicht. Jedenfalls gab sie Pekka keine Antwort.

Der dritte Tag auf der Insel begann dann wieder sonnig und warm. Der Lehrer trieb schon am frühen Morgen auf der Luftmatratze im Wasser.

»Wenn ich von der ins Wasser falle, falle ich wenigstens nicht tief«, sagte er zu seiner Frau.

»Mikas Mutter sagt, ihr Mann hat ein eigenes Segelschiff«, erzählte sie ihm.

»Sag ihr, meine Luftmatratze hat ein Zweikammersystem«, seufzte der Lehrer und schloss die Augen.

Dann übten wir Leben retten. Die Reisetante hatte darauf bestanden. Wir sollten nicht immer nur rumhängen, sondern was Nützliches tun, sagte sie. Sie hatte auch schon eine Übung ausgedacht: Ungefähr zehn Meter vom Steg zum Schuppen entfernt ragte aus dem Wasser ein Pfahl, über den wir einen Rettungsring werfen sollten. Aber das war nicht einfach. Der Ring war ziemlich schwer, und unsere Würfe klatschten immer weit davor ins Wasser.

»Jämmerlich!«, rief die Reisetante jedes Mal. »Da lernt ein Schiffbrüchiger ja schneller schwimmen, als ihr ihm zu Hilfe kommt!« Dann nahm sie selbst den Ring und schleuderte ihn gleich mit dem ersten Wurf über den Pfahl.

»*Darauf* kommt's nämlich an«, sagte die Reisetante und zeigte auf ihren Bizeps. »Und *darauf*«, sagte sie und klopfte mit den Fingerknöcheln gegen Timos Stirn. »Wenn ihr einen Rat haben wollt: Fangt mit Klimmzügen an!«

Dann seufzte sie und ließ uns einfach stehen. Der Rettungsring schwamm auf dem Wasser, und aus seiner Mitte ragte wie ein mahnender Zeigefinger der Pfahl.

Wir setzten uns betröppelt auf den Steg.

»Die nehmen uns niemals in die Schwimmende Schule auf, wenn wir nicht mal Leben retten können«, sorgte sich Hanna.

Das war natürlich wahr. Der Lehrer würde bestimmt keine Schüler an seiner Schule haben wollen, die nicht mal einen Rettungsring über einen Pfahl werfen konnten.

Wir sahen Timo an und warteten.

»Na?«, fragte ich nach einer Weile.

»Was *na?*«, wunderte sich Timo.

»Jetzt sag schon!«, drängte ihn Hanna.

»*Was* soll ich sagen?«, fragte Timo.

»Ich hab einen Plan«, sagte Tiina.

»Genau«, sagten wir.

Dann warteten wir wieder, aber Timo sagte immer noch nichts. Das war seltsam. Sonst hat Timo *immer* einen Plan. Vielleicht tat ihm die Seeluft nicht gut. Vielleicht machte sie ihm die Birne weich. Es heißt ja, dass Seeluft die Leute verändert.

»Ich hab einen Plan«, sagte Tiina noch mal.

»Und *ich* hab *keinen* Plan«, sagte Timo, der sich jetzt ein bisschen sauer anhörte.

»Aber *ich*«, sagte Tiina mit einem geheimnisvollen Lächeln.

Jetzt verstanden wir endlich.

Und Tiinas Plan war zwar ganz einfach, aber genial. Er war genauso genial, wie Timos Pläne es gewöhnlich waren, und er ging so: Der Pfahl, über den wir den Rettungsring werfen sollten, war nur ein Pfahl. Wenn wir *den* nicht retten konnten, machte das gar nichts. Wir mussten einen *Menschen* retten, *das* machte was. Dann *musste* uns der Lehrer in die Schwimmende Schule aufnehmen. Dann konnte er gar nicht anders. Wir mussten nur schnell den Rettungsring aus dem Wasser holen, weil wir den für Tiinas Plan brauchten.

»Aber *wen* sollen wir retten?«, fragte ich, weil ja weit und breit niemand in Seenot war.

»Den Lehrer«, sagte Tiina lächelnd.

Da wollten wir zu unserem Lehrer auf der Luftmatratze schauen, aber er war nirgends zu sehen. Da, wo er kurz zuvor noch auf der Luftmatratze herumgeschwommen war, war nur noch Meer. Der Lehrer war mitsamt seiner Luftmatratze verschwunden.

»Den hat sich ein Seeungeheuer geschnappt«, fürchtete Hanna.

»Es hat ihn als Geisel genommen und will einen Haufen Geld von uns erpressen«, fürchtete Timo.

»Es hat ihn bis aufs Skelett abgenagt«, fürchtete ich.

»Ich bin wahrscheinlich allergisch gegen Seeungeheuer«, fürchtete Mika.

»Wenn das Biest den Lehrer aufgefressen hat, brat ich's mir mit Zwiebeln«, drohte der Rambo.

»Ob es wirklich eine Luftmatratze mit zwei Kammern verdauen kann?«, fragte sich Pekka.

Nur Tiina sagte nichts. Sie schaute durch die Ritzen im Steg und schien etwas entdeckt zu haben.

Wir schauten auch durch die Ritzen und sahen den Lehrer. Seine Luftmatratze war unter den Steg getrieben und zwischen zwei Stützpfählen stecken geblieben. Der Lehrer selbst schien tief zu schlafen.

Der Rambo und ich sind die besten Schwimmer in unserer Klasse, darum waren wir es, die ins Wasser stiegen und eine Angelschnur aus dem Angelkasten von Pekkas Vater am Stöpsel des Ventils der Luftmatratze befestigten. Dann reichten wir das andere Ende der Angelschnur nach oben auf den Steg, und die anderen banden es an Pekkas großen Zeh. Wenn Pekka das Bein anzog, würde die Schnur den Stöpsel herausziehen, die Luftmatratze würde langsam Luft verlieren, und der Lehrer würde Stück für Stück im Wasser versinken. Irgendwann würde er dann aufwachen, furchtbar erschrecken und um Hilfe rufen – und dann kämen wir!

Wir würden dem Lehrer das Leben retten und Helden sein, und der Lehrer würde gar nicht anders können, als uns in die Schwimmende Schule aufzunehmen.

»Fertig?«, fragte Tiina.

Wir nickten, dann rannten wir alle zusammen zum Schuppen, um die anderen Erwachsenen zu holen. Alle außer Pekka natürlich, der sich erst mal nicht bewegen durfte, damit der Stöpsel nicht zu früh aus der Luftmatratze gezogen wurde.

»Hilfe!«, flüsterten wir der Reisetante ins Ohr. Wir *mussten* flüstern, weil wir ja den Lehrer unter dem Steg nicht aufwecken wollten.

»Warum flüstert ihr?«, fragte die Reisetante.

»Weil wir ihn nicht wecken wollen«, sagte Mika, der manchmal fast so ein Dödel ist wie Pekka.

»Wen nicht wecken?«, wunderte sich die Reisetante.

»Den Verdacht«, sagte Timo, der eben doch ein Genie ist. »Wir wollen keinen Verdacht wecken.«

»*Was* ist los?«, fragte die Frau des Lehrers.

»Der Lehrer ist weg«, sagte Hanna.

»Wahrscheinlich ist die Luftmatratze abgetrieben«, wusste Timo.

»Vielleicht raus aufs Meer«, schlug ich vor.

»Jetzt?«, rief Pekka vom Steg her.

»Pssst!«, zischte Tiina zurück.

Unser Plan war, dass Pekka erst den Stöpsel zog, wenn die Erwachsenen auf den Steg stürzten, um nach dem Lehrer Ausschau zu halten. Wenn dann der Lehrer um Hilfe schrie, würden sie erst mal einen Riesenschreck bekommen, und während sie noch kopflos durch die Gegend rannten, würden wir ihm den Rettungsring zuwerfen und ihn retten.

In unserem Plan war nur nicht vorgesehen, dass die Frau des Lehrers gleich ins Fischerdorf rannte, um Hilfe zu holen. Es war auch nicht vorgesehen, dass Pekkas Vater gleich mit dem Fernglas aufs Meer hinausschaute und den Kopf schüttelte und dass Mikas Mutter Mika nur schnell eine Rettungsweste anzog und dann gleich bei der Küstenwache anrief. Und schon gar nicht hatten wir damit gerechnet, dass die Reisetante an Bord der *Pekka Superstar* sprang, den Motor anwarf und aufs Meer hinausfuhr.

Wir machten Pekka Zeichen, dass er warten sollte, bis die Lage sich ein bisschen beruhigt hatte. Wenn er jetzt den Stöpsel gezogen hätte, hätte nämlich niemand die Hilferufe des Lehrers unter dem Steg gehört, so ein Lärm und Gewusel war oben.

Wir zögerten auch noch, als die Reisetante zurückkam und alle miteinander darauf warteten, dass die Küstenwache kam.

»Es wird alles gut«, tröstete Mikas Mutter die Frau des Lehrers. »Die Küstenwache wird ihn finden.«

»Wenn es jemand schafft, dann er. Wir haben ja ein paarmal gesehen, was er für ein guter Schwimmer ist«, erinnerte uns Pekkas Vater.

»Verschollen ist verschollen«, sagte die Reisetante finster.

»Vielleicht ist er auf einer unbekannten Insel gestrandet«, hoffte die Frau des Lehrers.

»Unbekannte Inseln gibt es nur im Märchen«, schnappte die Reisetante. »Besser, du machst dich darauf gefasst, nie wieder was von ihm zu hören. Das Meer nimmt sich, was ihm zusteht, wahrscheinlich ist er längst im Seemannshimmel.«

Die Reisetante zeigte nach oben, aber das war eindeutig die falsche Richtung. In genau demselben Moment hörten wir nämlich was von unserem Lehrer, und seine Stimme kam nicht von oben, sondern von unten.

»Ganz schön duster hier«, sagte die Stimme. Sie klang hohl und hörte sich an, als käme sie von weit her.

»Liebling, bist *du's?*«, fragte die Frau des Lehrers und sah nach oben.

»Natürlich bin ich's. Oder dachtest du, es wäre wieder der Uhu?«, sagte die hohle Stimme.

»Bist du irgendwo da oben?«, fragte seine Frau.

»Eher unten«, sagte die hohle Stimme.

»Das hätte man sich denken können«, murmelte die Reisetante.

»Und wie ist es dort?«, fragte die Frau des Lehrers besorgt.

»Nicht unangenehm, nur ein bisschen kalt, und die verfluchte Luftmatratze steckt fest.«

»Gibt es da unten auch verfluchte Luftmatratzen?«, wunderte sich die Reisetante.

»Ich dachte immer, dort wäre es eher heiß«, wunderte sich Pekkas Vater. »Und von verfluchten Luftmatratzen hab ich auch noch nie was gehört.«

»Könntet ihr mal die Witze sein lassen und mir helfen kommen?«, fragte der Lehrer.

»Leider nicht«, sagte die Reisetante. »Auch wenn es da unten nicht so übel ist, wie man immer hört, bleibe ich vorerst lieber hier oben.«

»Bitte!«, bettelte der Lehrer. »Noch bin ich nicht nass, aber ich würde es auch nicht gerne werden.«

»*Ich* kann runtergehen«, sagte da Pekka. »Ich geh nur schnell meine Badehose holen.«

Dann stand er auf und rannte los. Und zog dabei natürlich an der Schnur, die den Stöpsel aus der Luftmatratze des Lehrers zog. Von unter dem Steg kam kurz darauf ein langes Zischgeräusch und dann ein wildes Prusten. Es hörte sich an wie ein Walfisch, der vielleicht was Falsches gegessen hat, irgendwas, das schrecklich bläht.

»Liebling, warst du das?«, fragte die Frau des Lehrers und schnupperte in die Luft.

»Das ist jetzt aber gar nichts für Kinder«, stöhnte Mikas Mutter und hielt Mika die Ohren zu.

»Ich *wusste*, dass da unten nicht alles nur eitel Sonnenschein sein kann«, sagte die Reisetante zufrieden.

»Fantastisch!«, rief Pekkas Vater. »Mach das noch mal!«

Aber der Lehrer machte es nicht noch mal. Und er rief auch nicht um Hilfe. Er kam nur unter dem Steg vorgewatet und zog seine schlappe Luftmatratze hinter sich her. Man hätte seine Hilferufe aber auch nicht gehört, dazu war der Rettungshubschrauber, der gerade landete, viel zu laut.

Die Schwimmende Schule

Der Lehrer brauchte eine Weile, bis er den Rettern von der Küstenwache erklärt hatte, wie man mit einer Luftmatratze unter einem Landungssteg in Seenot geraten konnte. Aber am Ende waren die Männer sehr verständnisvoll und sagten, besser man rufe sie zu früh als zu spät. Meine Freunde und ich fanden die Männer mit dem Hubschrauber toll.

Gleich am selben Tag wollten Mikas Mutter, die Frau des Lehrers und Pekkas Vater einen gemeinsamen Abend mit den Bewohnern des Fischerdorfs organisieren. Die Bewohner waren alle gelaufen gekommen, um bei der großen Rettungsaktion dabei zu sein. Und danach hatte man verabredet, dass man abends miteinander ein Strandfest feiern wollte. Im Dorf hatten sie angeblich sogar ein eigenes Orchester, das extra für uns auftreten sollte. Wir freuten uns schon sehr darauf, aber erst wollte noch der Lehrer mit uns sprechen. Wir konnten uns denken, worüber.

Der Lehrer saß an der Wand des offenen Schuppens, und wir saßen vor ihm. Wir waren sehr gespannt. Wir waren uns nämlich sicher, dass er uns endlich von der Schwimmenden Schule erzählen wollte. Und wir waren uns auch sicher, dass er uns mitnehmen würde.

»Ich wechsle nächsten Herbst die Schule«, erzählte uns der Lehrer, aber das wussten wir ja schon. »Ich habe eine Stelle an der berühmten Schwimmenden Schule angenommen. Ich werde dort Direktor und bekomme ein eigenes Büro mit einem roten Lämpchen über der Tür, falls ich mal niemanden sehen will.«

Der Lehrer sah uns ernst an, und wir schauten lächelnd zurück.

»Toll!«, freute sich Hanna.

»Herzlichen Glückwunsch!«, sagte ich.

»Volle Fahrt voraus!«, jubelte Timo.

Der Lehrer wischte sich etwas aus dem Augenwinkel und schaute aufs Meer.

»Danke«, sagte er mit leiser Stimme. »Es fällt mir schwer, euch das zu erzählen. Es ist schön, dass ihr die Sache so gut aufnehmt.«

Der Lehrer blinzelte mit schräg geneigtem Kopf in die Sonne. Man konnte sich gut vorstellen, wie er an der Reling der Schwimmenden Schule lehnte und sein Gesicht in den salzigen Seewind hielt. So wie wir auch unsere Gesichter in den salzigen Seewind hielten, denn wir würden natürlich mit an der Reling der Schwimmenden Schule lehnen, neben ihm.

»Das war's, was ich euch sagen wollte«, sagte der Lehrer. »Ich werde euch natürlich sehr vermissen, aber ich verspreche, euch aus jedem Hafen eine Postkarte zu schicken.«

Wir mussten ein bisschen darüber lachen, dass der Lehrer uns Postkarten schicken wollte, wo wir doch mit ihm auf demselben Schiff sein würden. Aber vielleicht war das in der Schwimmenden Schule so üblich. Wir hätten uns gewünscht, dass der Lehrer uns noch mehr von unserer neuen Schule erzählte, aber dann stand er auf.

»Tja, bald ist dann auch diese Reise vorüber, und wir steuern wieder den Heimathafen an«, sagte er.

Der Lehrer wollte es extraspannend machen, das war uns längst klar, aber jetzt hielten wir es nicht mehr aus.

»Und in ein paar Wochen sind wir schon wieder zusammen auf dem Schiff«, sagte Hanna.

»Was machen wir eigentlich, wenn sich am ersten Schultag jemand verspätet?«, sorgte sich Tiina. »Kommt das Schiff dann zurück, um ihn abzuholen, oder muss er bis zum Frühling warten?«

»Gibt es in der Schwimmenden Schule eigentlich

Erdkunde?«, fragte Timo. »Ich meine, es müsste doch eher Meereskunde geben.«

»Dürfen auf der Schwimmenden Schule Mütter mitkommen?«, fragte Mika.

»Und gibt es mittwochs auch Hühnerfrikassee?«, fragte ich.

»Von mir kriegt der Koch eins auf die Kombüse, wenn es Mittwochs kein Hühnerfrikassee gibt«, verkündete der Rambo.

»Und wo spielen sie dort Eishockey?«, wollte Pekka wissen.

Der Lehrer sah uns lange schweigend an. Sein Blick war so traurig, dass wir uns langsam Sorgen machten. Irgendetwas stimmte da nicht. Vielleicht konnten sie dort überhaupt nicht Eishockey spielen, und der Lehrer war deshalb so traurig.

»Ihr habt mich, glaube ich, nicht richtig verstanden«, sagte er vorsichtig. »Unsere Wege trennen sich. *Ich* wechsle an die Schwimmende Schule, *ihr nicht*.«

»Aber wir können klasse Knoten binden«, versuchte es Hanna.

»Wir können sogar Lehrer aus Seenot retten«, versicherte Timo.

»Mitsamt ihren Luftmatratzen!«, fügte Pekka hinzu.

»Trotzdem«, sagte der Lehrer. »Die Schüler der

Schwimmenden Schule sind erstens viel älter als ihr, und zweitens sind sie alle schon im Frühjahr ausgewählt worden. Es tut mir leid.«

Danach sah uns der Lehrer noch einmal eine Weile schweigend an, dann schüttelte er den Kopf und ging aus dem Schuppen. Wir blieben entsetzt sitzen. Der Lehrer würde ohne uns an die Schwimmende Schule wechseln. Wir waren abgelehnt worden, bevor wir uns überhaupt richtig hatten bewerben können.

»Ich wusste, dass es so ausgeht«, schniefte Mika, der echt eine schreckliche Heulsuse ist. »Ihr hättet auf mich hören sollen.«

»Du hast doch gar nichts gesagt«, wunderte sich Timo.

»Ich *hätte* was gesagt, wenn ihr mich gefragt hättet«, beteuerte Mika und zog die Nase hoch.

»Meint ihr, es gibt jetzt überhaupt gar keinen Weg mehr, um an diese Schwimmende Schule zu kommen?«, fragte Hanna.

Wir sahen Timo an, aber Timo war still. Wir sahen Tiina an, aber Tiina hatte leider auch keine Idee. Wir sahen auch noch Pekka an, aber nur, weil er eingeschlafen war und wie ein Walross schnarchte.

Die verschwundene Mütze

Gegen Abend war die Reisetante plötzlich ganz schlecht gelaunt. Ihre Kapitänsmütze war nämlich verschwunden.

»Gib's zu!«, verlangte sie von unserem Lehrer, der bald nicht mehr unser Lehrer sein würde. »Gib's auf der Stelle zu!«

»Muss ich wirklich?«, wand sich der Lehrer.

»Wenn du's zugibst, kann es sein, dass ich dich nur an den Ohren zu den Fischen aufs Trockengestell hänge und nicht gleich den Möwen zum Fraß vorwerfe!«

»Na gut,« sagte der Lehrer mit einem Achselzucken. »Ich gebe zu, dass ich schon als Kind von einem Puppenhaus geträumt habe, von so einem riesigen, für das ich selbst Möbel bauen wollte, und mit einem kleinen Kamin, in dem man echtes Holz verbrennen ...«

»Ich rede nicht von Puppenhäusern«, unterbrach ihn die Reisetante.

»Nicht?«, wunderte sich der Lehrer. »Na schön. Dann gebe ich zu, dass ich letzte Nacht die letzte Scheibe Käse gegessen habe. Ich bin mitten im Schlaf aufgewacht und habe jemanden mit dünner Stimme nach mir rufen hören. Die Stimme kam vom Proviant her, da bin ich hingelaufen, und es war eine Käsescheibe, die sich so allein fühlte, dass sie unbedingt gegessen werden wollte. Ich dachte, eine sprechende Käsescheibe, sieh mal an ...«

»Ich rede auch nicht von sprechenden Käsescheiben«, sagte die Reisetante.

»Nicht?«, wunderte sich der Lehrer. »Dann kann ich zum Beispiel noch zugeben, dass ich vorgestern nicht wirklich einen Kappengeier gesehen habe. Ich dachte erst, es wäre einer, aber dann warst ...«

»Wir reden auch nicht von Kappengeiern, obwohl wir der Sache schon näher kommen«, sagte die Reisetante.

»Aha. Na schön. Dann gebe ich zu, dass *ich* den gammligen Hering in deinem Schlafsack versteckt habe, nachdem du ...«

»Die Mütze!«, stieß die Reisetante hervor. »Siehst du, was ich meine?«, schrie sie und deutete auf ihren Kopf.

»Nein«, sagte der Lehrer, »ich sehe nichts.«

»Eben«, sagte die Reisetante und warf dem Lehrer einen ihrer arktischen Blicke zu.

»Wie war das noch mal mit dem Hering?«, fragte sie

dann, als hätte der Lehrer gerade eben davon gesprochen.

»Was für einem Hering?«, fragte der Lehrer, als hätte er nie etwas gesagt.

»Ich hab die ganze letzte Nacht von altem Hering geträumt«, sagte die Reisetante nachdenklich.

»Interessant«, sagte der Lehrer.

Von da an starrten sich die beiden nur noch an. Es war klar, was die Reisetante mit ihrem arktischen Blick bezweckte: Sie wollte ihn dem Lehrer ins Gewissen bohren, aber es klappte anscheinend überhaupt nicht. Vielleicht war das Gewissen des Lehrers ja wirklich so rein wie ein Hering im klaren Wasser. Vielleicht wusste er wirklich nicht, wo die Kapitänsmütze war. Jedenfalls wurde der Blick der Reisetante langsam milder.

»Es beginnt dir doch nicht etwa leidzutun?«, fragte der Lehrer besorgt.

»Ich sag dir Bescheid, wenn es so weit ist«, sagte die Reisetante.

Dann drehte sie sich um und musterte meine Freunde und mich mit ihrem arktischen Blick. Es war der kälteste Blick der Welt, und trotzdem fühlten wir uns plötzlich wie auf einem Grill.

»Ich war's nicht«, sagte ich.

»Ich auch nicht«, sagte Hanna.

»Ich weiß *nichts*«, sagte Tiina und schüttelte den Kopf.

»Ich weiß nicht mal, worum es geht«, behauptete Timo.

»Es war nicht meine Idee«, schluchzte Mika.

Nur der Rambo wurde wütend und drohte, der Reisetante eins auf den Bommel zu geben, wenn sie behauptete, dass er was von der blöden Mütze wusste.

»Und ich weiß sowieso nie was«, sagte Pekka.

Die Mütze blieb verschwunden.

»Dann hilft nur noch eine Großfahndung«, sagte die Reisetante zu unserem Lehrer. »Wir beide bilden eine Kette mit einem Meter Abstand. Ich gebe die Richtung vor, und wir suchen Quadratzentimeter für Quadratzentimeter die Insel ab. Die Mütze muss gefunden werden, da gibt's kein Vertun!«

»Sollen wir es so machen, dass der Finder sie behalten darf? Wenigstens für eine Weile?«, schlug der Lehrer vor.

»Eine Kapitänsmütze ist was für Erwachsene, und Erwachsene spielen anderen keine dummen Heringsstreiche«, sagte die strenge Reisetante.

»Erwachsene sind ab und zu auch freundlich zueinander«, merkte der Lehrer an.

Aber obwohl die Reisetante und der Lehrer jeden

Quadratzentimeter der Insel absuchten, blieb die Mütze verschwunden. Sie war auch noch nicht wieder da, als wir alle zusammen zum Fest mit den Inselbewohnern gingen.

»Jetzt ärgere dich doch nicht so. Sie hat dir nicht mal sonderlich gut gestanden«, tröstete der Lehrer die Reisetante.

»Freu du dich nicht zu früh!«, schnappte sie.

Die Inselbewohner waren schon an der verabredeten Stelle am Strand und hatten ein Lagerfeuer gemacht. Es duftete so lecker nach geräuchertem Fisch, dass unsere Magen knurrten. Wir hatten alle schrecklichen Hunger. Um das Lagerfeuer herum lagen Steinplatten im Kreis, und auf einem kleinen Hügel hatten die Inselbewohner aus Treibholz eine kleine Tanzfläche gebaut. Im Dorf wohnten zwanzig Menschen, und die meisten waren Männer. Kinder gab es überhaupt keine. Die Männer hatten alle rote, vom Wetter gegerbte Gesichter und einen Bart. Frauen gab es nur zwei, und ihre Gesichter waren auch rot und vom Wetter gegerbt, nur ohne Bart. Irgendwie erinnerten uns die Inselbewohner an Schneewittchen und die sieben Zwerge, nur dass sie doppelt so viele Zwerge und die Schneewittchen wahrscheinlich hundert Jahre alt waren. Einem Prinzen hätten die Schneewittchen vielleicht nicht so gut gefallen, aber das schien ihnen nichts auszumachen. Sie waren trotzdem richtig gut gelaunt.

»Willkommen! Schön, dass ihr gekommen seid!«, sagte einer der Wettergegerbten mit Bart.

»Danke für die Einladung! Wir freuen uns, hier zu sein«, sagte die Frau des Lehrers und überreichte dem Mann ein schönes Kunstwerk, das wir in der Schule gebastelt hatten.

Wir hatten gar nicht gewusst, dass die Frau des Lehrers das Kunstwerk mitgenommen hatte, aber jetzt passte es sehr gut. Es war ein Kunstwerk von uns allen zusammen. Erst hatte Timo einen Wal gemalt, dann hatte Hanna dem Wal riesige Ohren gemalt, weil sie den Wal für einen Elefanten hielt. Und dann kam Tiina und malte dem Walelefanten Fühler, weil sie der Meinung war, dass sie dem Schmetterling noch fehlten. Ich malte dann das Hinterteil des Walelefantenschmetterlings schwarz-gelb gestreift an, wie es sich meiner Meinung nach für Wespen gehörte, und gleich darauf fing Mika an zu weinen, weil er Maschinengewehre dazumalen wollte und es nicht richtig klappte.

Hinterher war das Bild von Mikas Tränen ganz nass, und der Rambo nahm es und zerknüllte es und formte aus Versehen eine Rakete daraus, die er jedem vor die

Palette donnern wollte, der von ihm verlangte, dass er irgendwas malte oder bastelte. Zuallerletzt hatte Pekka dann auf die zerkrumpelte Walelefantenschmetterlingswespenrakete oben einen Schornstein und hinten einen Auspuff drangeklebt. Wir fanden alle, dass das Kunstwerk richtig gut gelungen war, und der Lehrer reichte es für den Kinderkunstwettbewerb der Kreissparkasse ein. Das Thema war »Maschinen für die Zukunft«, und wir kriegten den Sonderpreis für den schönsten Versuch.

»Sehr schön«, bedankten sich auch die Inselbewohner und steckten die roten Köpfe über dem krumpligen Ding zusammen.

»Was soll es sein?«, fragte eine der zwei Frauen.

»Nichts«, sagte Timo. »Es ist nur Kunst.«

»Aha«, sagten die Inselbewohner und klatschten höflich Beifall.

Da verbeugten wir uns und machten Knickse, nur Mika nicht, der weinen musste, weil seine Maschinengewehre vielleicht doch nicht so schlecht gelungen und nur überhaupt nicht zu sehen waren.

Danach setzten wir uns alle ums Lagerfeuer und schlugen uns die Bäuche voll. Erst aßen wir leckere geräucherte Heringe, dann Pfannkuchen, die noch leckerer waren, und ganz zuletzt gab es Würstchen. Die schmeckten leider nicht so lecker. Sie waren irgendwie fies und labberig. Vielleicht kam es davon, dass sie zu lange im Meerwasser liegen mussten, bis der Lehrer sie alle heraufgetaucht hatte.

Nach dem Essen wurde dann getanzt.

»Tanzen ist gut für die Verdauung«, sagte einer von den Wettergegerbten.

Das Orchester bestand aus einer Mundharmonika und einer Flöte, und die Musiker waren die beiden Frauen. Sie stampften mit den Füßen den Takt, dass die Tanzfläche aus Treibholz gefährlich knackte. Die Musik war wild, und die Tänze, die man darauf tanzte, waren fast noch wilder.

Weil alle Frauen der Insel im Orchester spielten, mussten die Männer miteinander tanzen. Sie hakten sich unter und hüpften herum, dass ihre Bärte flogen. Bald wurde uns klar, dass die Tanzfläche aus Treibholz eigentlich nur für das Orchester war, jedenfalls hüpften die Wettergegerbten über sämtliche Uferfelsen.

Unsere Erwachsenen schauten eine Weile nur zu, dann fragte die Frau des Lehrers ihren Mann: »Darf ich bitten?«

»Wenn ich das auch mache, lande ich nur wieder im Wasser«, sträubte sich der Lehrer.

»Klasse Idee!«, rief Pekkas Vater und rannte schwimmen.

»Worauf wartest du?«, rief er dem Lehrer aus dem Wasser zu.

Als der erste Tanz zu Ende war, forderten die Wettergegerbten uns zum Tanzen auf. Es waren genauso viele, dass jeder einen abbekam.

Und dann ging es los. Erst trauten wir uns nicht

richtig, aber dann war es mindestens so lustig wie Achterbahn. Die Reisetante wurde selbst ganz rot, als ihr rotgesichtiger Tänzer sie über die Uferfelsen wirbelte. Die Frau des Lehrers lachte und jauchzte, als ihr Tänzer mit ihr ums Lagerfeuer hopste. Mikas Mutter kicherte und zierte sich, als sie über die Uferfelsen hopsen sollte. Und wir selber juchzten, als die Fischer uns von einem zum anderen warfen, als wären wir junge Dorsche. Wir hatten alle ganz viel Spaß. Sogar der Rambo schien es zu genießen. Während er von einem Wettergegerbten zum anderen flog, drohte er jedem Einzelnen von ihnen die Gräten zu ziehen, wenn sie ihn fallen ließen, aber die Männer lachten nur und warfen ihn noch ein bisschen höher.

Als das Orchester Feierabend machte, waren alle vollkommen erschöpft, außer natürlich dem Lehrer, der während des ganzen Tanzes auf der meerabgewandten Seite des Lagerfeuers saß, damit er ja nicht wieder ins Wasser fiel. Darum war es auch so ein Pech, dass es dann doch passierte. Dabei wollte er nur Pekkas Vater aus dem Wasser auf einen Uferfelsen helfen. Pekkas Vater hatte lange auf ihn gewartet, aber am Ende war es ihm im Wasser doch zu kalt geworden. Es war schließlich schon Abend.

»Gute Idee, aber ich glaube, mir reicht's«, sagte

Pekkas Vater zähneklappernd, als der Lehrer fragte, ob er auch noch mal schwimmen käme. Der Lehrer wollte nämlich auf dem Rückweg zum Lagerplatz schwimmen. Wenn er schon mal im Wasser war, kam's darauf auch nicht mehr an.

»Mikas Mutter sagte, *ihr* Mann schwimmt nie in Kleidern«, sagte die Frau des Lehrers, aber das hörte der Lehrer schon nicht mehr. Er kraulte schon viel zu weit draußen.

Wir anderen bedankten uns bei den Inselbewohnern, die zum Abschied jeden von uns umarmten.

Es war ein wunderschöner Abend. Das Meer lag spiegelglatt und silberhell, obwohl es schon spät am Abend war. Wir wären richtig glücklich gewesen, wenn uns nicht gleichzeitig so traurig zumute gewesen wäre. Diese Ferienreise war wohl unser letztes gemeinsames Abenteuer mit dem Lehrer. Und das heute war wohl unser letztes gemeinsames Fest gewesen. Am nächsten Morgen würden wir uns schon wieder auf den Heimweg machen. Unsere Reise ging ihrem Ende zu. Zu Hause im Hafen würden wir uns von unserem Lehrer und seiner Frau verabschieden, und im Herbst würde der Lehrer aufs Meer hinausfahren und uns mit der Reisetante als neue Lehrerin an Land zurücklassen – mit der Reisetante, die fand, dass Märchen für Kinder gefährlich waren, und für die Fantasie eine schlimme Krankheit war, wie Windpocken oder so.

Als wir vom Fest zu unseren Zelten gingen, hatten wir alle Hoffnung aufgegeben, dass wir noch irgendetwas an unserem schrecklichen Schicksal ändern könnten. Wir würden mit der Reisetante zurechtkommen müssen, egal wie.

»Und was machen wir jetzt mit der hier?«, fragte Tiina und wendete die Kapitänsmütze in der Hand. *Wir* hatten sie nämlich verschwinden lassen, und zum Abschluss des Fests hatten wir sie feierlich dem Lehrer überreichen wollen. Der Lehrer war der rechtmäßige Besitzer der Mütze, und wir wollten sie ihm zurückgeben, weil er sie im Herbst wieder brauchen würde. Für uns stand nämlich fest, dass er sich die Mütze nicht nur für diesen Ausflug besorgt hatte. Die Mütze war seine neue Dienstmütze! *Darum* hatte es ihn die ganze Reise über geärgert, dass die Reisetante sie für sich behalten wollte. So war das alles. Und jetzt war der Lehrer zurückgeschwommen, bevor wir ihm die Mütze hatten überreichen können.

»Wir geben sie ihm später«, sagte Timo. »Er bekommt sie zum Abschied.«

Genau da hörten wir von den Zelten her ein wehmütiges Pfeifen. Der Lehrer war vor uns zurück.

Der Sturm

Am Morgen nach dem Fest war uns allen ein bisschen schlecht. Es lag wahrscheinlich daran, dass wir abends so viele Pfannkuchen, geräucherte Heringe und fiese Würstchen gegessen hatten. Auch die Erwachsenen waren alle ein bisschen schlapp. Und dass wir wieder auf dem Meer waren, machte die Sache nicht besser. Tiina war die Einzige, der überhaupt nicht schlecht war. Vielleicht lag es daran, dass sie keins von den Würstchen gegessen hatte, weil sie vorher schon so viele Pfannkuchen und Heringe gehabt hatte. Tiina ist echt gescheit.

Wir winkten müde den Inselbewohnern, die sich zum Abschied auf dem Landungssteg versammelt hatten. Die *Pekka Superstar* tuckerte aufs Meer hinaus, die Reisetante stand am Steuer, und uns war immer noch schlecht. Zu Hause hätten wir uns jetzt schön ins Bett legen können, und es hätte wenigstens nicht geschaukelt. Tiina schaute nachdenklich ins Kielwasser hinter dem Schiff.

»Wenn ich eine Meerjungfrau werde, beschütze ich

die Schwimmende Schule des Lehrers, dann braucht er sich vor nichts zu fürchten«, sagte sie. »Ich lotse sein Schiff an allen gefährlichen Riffen vorbei.«

Obwohl uns schlecht war, seufzten wir Mädchen und waren ganz neidisch auf Tiina. Ihre Zukunft war so wunderwunderschön! Und wir hatten immer gedacht, dass Tiina, wenn sie groß ist, Mutter wird oder höchstens Lehrerin. Die Jungs fanden Meerjungfrauen nicht so toll, wahrscheinlich stänken die nach rohem Fisch, meinten sie. Wir Mädchen mussten zugeben, dass der Geruch womöglich die Schattenseite der Meerjungfrauen sein könnte. Aber vielleicht dachten wir das nur, weil uns so schlecht war. Vielleicht waren ja auch die Heringe nicht frisch gewesen.

Der Vormittag verging, und irgendwann merkten wir, dass die Reisetante immer besorgter aussah. Sie schaute aufs Meer und studierte eifrig die Seekarte. Der Himmel gefiel ihr anscheinend überhaupt nicht. Dabei war er nicht wirklich schwarz, nicht mal besonders dunkel. Es gab ihn nur einfach nicht mehr. Wenn man dorthin schaute, wo vorher der Himmel gewesen war, war da plötzlich nur noch eine schmutzig graue Wand, die alle Farben aufsaugte und unaufhörlich näher kam. Das Meer war unruhig geworden. Es war nicht mehr gleichmäßig wellig wie vorher, sondern wirbelte und schwappte, als wüsste es selbst nicht recht, was es machen sollte. Die Möwen, die gewöhnlich hinter unserem Schiff herflogen, waren nirgends mehr zu sehen. Ein Sturm zog auf, aber so richtig interessierte das keinen. Uns war nämlich allen viel zu schlecht, um uns auch noch Sorgen über das Wetter zu machen.

»Das kann nur eine Lebensmittelvergiftung sein. Von den Würstchen, ich hab's gewusst«, jammerte unten in der Kajüte der Lehrer, dass man es bis nach oben hörte.

»Sprich nicht von Dingen, die man essen kann!«, bat ihn seine Frau.

Von Pekkas Vater, der drei Würstchen, und von Mikas Mutter, die zu ihrem einen noch die Hälfte von Mikas Würstchen gegessen hatte, hörte man nichts.

Die Reisetante steuerte noch tapfer das Schiff, aber wir sahen, dass sie schon ganz grün im Gesicht war.

»*Ich* kann das Steuer übernehmen«, sagte Tiina.

»Red keinen Unsinn, das ist Erwachsenensache!«, sagte die Reisetante. »Wir haben noch einen langen Weg zur nächsten Insel vor uns, und eine Seekarte lesen lernt man nicht in ein paar Minuten.«

»Da vorne ist eine Insel. Sie ist nicht sehr weit entfernt«, sagte Tiina und zeigte zum Horizont.

Die Reisetante schaute in die Richtung, in die Tiina zeigte. In der Mitte des nebligen Horizontes erhob sich tatsächlich etwas Dunkles, aber es war schwer zu erkennen, was es war. Die Reisetante studierte wieder die Seekarte und schüttelte den Kopf.

»Da ist nichts. Der Seekarte nach ist hier nur Meer«, sagte sie.

»Da *ist* aber eine Insel«, sagte Tiina.

»Das bildest du dir nur ein, und so was ist gefährlich. Inseln, die auf keiner Seekarte verzeichnet sind, gibt es nur in Märchen, und zu Märcheninseln kann man nicht fahren«, sagte die Reisetante. Dann fiel sie mit einem Seufzer in Ohnmacht.

»Übernimm du das Steuer!«, sagte der Lehrer, den Tiina nach oben gerufen hatte. Dann trugen er und seine Frau die Reisetante in die Kajüte.

»Bring uns zu der Insel, du schaffst das!«, rief der Lehrer unendlich müde nach oben. Die Reisetante nach unten zu schleppen hatte ihm die letzten Kräfte geraubt.

Ich lag auch unten, in der Nähe der Kajütentür, und konnte Tiina deutlich sehen. Sie hielt das Steuer fest im Griff, und ihr Blick war fest nach vorn gerichtet. In einem Film wäre es ein romantisches Bild gewesen, aber das hier war kein Film. Der Wind heulte jetzt schon, und das Meer rauschte, als wäre es ein Topf voll kochendem Wasser.

»Kommst du zurecht?«, rief ich Tiina zu.

»Ich bin eine Meerjungfrau!«, schrie Tiina über das Rauschen des Meers hinweg.

Und genau in diesem Moment packte uns der Sturm. Ich hatte noch nie etwas so Fürchterliches erlebt. Niemand von uns hatte das. Die Wellen schmissen das Schiff auf und ab und hin und her. Es war, als wären wir zum Schleudern in eine Riesenwaschmaschine geraten. Als spielten Riesen mit uns Wäschewaschen.

»Der Sturm prügelt uns, sagen die Seeleute«, ächzte der Lehrer.

Der Sturm prügelte uns grün und blau. Ich kniff die Augen zu und wünschte mir nur, dass es endlich aufhörte. Die Reisetante wurde irgendwann wach und versuchte, nach oben zu klettern, um das Steuer zu übernehmen, aber sie wurde auf halbem Weg zurückgeschleudert und rührte sich von da an nicht mehr von der Stelle. Als Nächstes knallte die Tür der Kajüte zu, und ich konnte nicht mehr sehen, was oben passierte. Nur die Riesen spielten ein bisschen vorsichtiger, also schien der Sturm nachzulassen. Trotzdem war mir schlecht. Und allen anderen auch. Wir wünschten uns

nur noch, zu Hause im eigenen Bett zu liegen. Zu Hause im Bett, das kein bisschen schwankte, war der beste Platz der Welt.

Der Sturm ließ nach, aber immer noch war draußen ein einziges Rauschen und Toben und Getöse. Immer noch zitterte das Schiff, wenn es von einer Welle getroffen wurde. Manchmal knarrte es auch unheimlich. Es rumpelte und knirschte und quietschte. Das Geschirr und alles, was sonst noch lose war, flog durch die Kajüte.

Keiner von uns konnte hinterher sagen, wie lange der Sturm gedauert hatte. Zu lange war es in jedem Fall. Es endete schlagartig mit einem großen Krachen, und plötzlich hörte das Schaukeln auf. Der Wind

heulte noch, aber sonst machte er nichts mehr. Das Schiff stand auf der Stelle und schaukelte auch nicht mehr. Das ist die Hauptsache, dachte ich noch. Dann schloss ich die Augen und schlief ein.

Als ich aufwachte, war es mucksmäuschenstill. Auf dem Boden der Kajüte stand Wasser, und es wurde anscheinend immer mehr. Ich war als Erste wach, und jetzt weckte ich schnell die anderen. Wir griffen uns die Zelte und Schlafsäcke und fischten den Proviant aus dem Wasser, dann stürmten wir an Deck. Draußen schien die Sonne. Unser Schiff lag nicht weit vom Ufer einer Insel, bestimmt der, die Tiina gesehen hatte. Es war zwischen zwei Uferfelsen gekeilt. Das Meer war noch unruhig, aber es wurde zusehends ruhiger.

Vom Bug des Schiffs aus brauchten wir nur auf einen der beiden Felsen zu springen, dann waren wir in Sicherheit. Nur Tiina war nirgends zu sehen. Mein erster Gedanke war, dass sie ins Meer gespült worden war. Der Sturm hat sie gepackt und eine Meerjungfrau aus ihr gemacht, dachte ich. Aber dann entdeckten wir sie. Sie watete am Strand entlang und sammelte Muscheln. Als sie uns bemerkte, winkte sie fröhlich. Wir winkten ihr auch, und dann winkten wir der *Pekka Superstar*, die eben im Meer versank, bis zwischen den beiden Felsen nur noch die vorderste Spitze des Bugs zu sehen war.

Schiffbrüchige

Tiina war natürlich die große Heldin. Unsere ganz normale Tiina war ein Genie und eine Heldin gleichzeitig. Der Lehrer und seine Frau küssten sie auf die Stirn. Pekkas Vater warf sie dreimal in die Luft und vergaß zum Glück nicht, sie wieder aufzufangen. Mikas Mutter umarmte Tiina fest und sagte, wenn sie mal kalte Hände hätte, könnte sie sich jederzeit Mikas Ersatzhandschuhe ausleihen. Die Erwachsenen ärgerte nur, dass alle Handys auf dem sinkenden Schiff geblieben waren. Es war einfach alles viel zu schnell gegangen. Und jetzt konnten wir niemanden zu Hilfe rufen. Andererseits wäre es sowieso schwierig gewesen wäre, jemandem den Weg zu einer Insel zu erklären, die es gar nicht gab. Wenigstens behauptete das die Reisetante.

»Das ist alles *ganz und gar unmöglich*«, schnaubte sie. »Erstens ist es unmöglich, dass ein achtjähriges Mädchen mutterseelenallein ein Schiff aus einem schweren Sturm herausmanövriert. Zweitens ist diese Insel *nicht* auf der Seekarte eingezeichnet, also gibt es sie auch nicht. Und wenn es diese Insel nicht gibt, dann sind wir auch nicht gerettet. Kurzum: Wir befinden uns noch immer mitten in dem Sturm.«

»Und wie erklärst du dir dann die Windstille und dass wir tatsächlich hier auf der Insel *sind?*«, wollte der Lehrer wissen.

»Wir *sind* nicht auf der Insel«, sagte die Reisetante.

»Nicht?«, wunderte sich der Lehrer.

»Nein«, sagte die Reisetante. »Ich glaube nur, was ich sehe, und ich habe *nicht* gesehen, dass wir gerettet worden wären«, zischte sie.

»Vielleicht liegt das daran, dass du mitten im Sturm in Ohnmacht gefallen bist«, schlug der Lehrer vor.

»Unsinn!«, schnaubte die Reisetante. »Das liegt ganz einfach daran, dass wir träumen.«

»*Deinen* Traum jetzt oder *meinen?*«, fragte der Lehrer.

»Meinen«, behauptete die Reisetante.

»Schade«, sagte der Lehrer. »Wenn es nämlich mein Traum wäre, würde ich jetzt gern ein paar Runden um die Insel herumfliegen. Ich fliege oft in meinen Träumen. – Du auch?«

»Nein«, behauptete die Reisetante. »Wenn *ich* träume, träume ich *vernünftig.*«

Plötzlich sah der Lehrer aus, als hätte er eine Idee.

»Möchtest du eventuell, dass ich dich zwicke?«, fragte er hoffnungsvoll.

»Nein.«

»Ich kann dich auch ins Wasser schmeißen, da wachst du in jedem Fall auf«, schlug der Lehrer eine zweite Möglichkeit vor.

»Liebling, beruhige dich doch!«, mischte sich jetzt die Frau des Lehrers ein. »Gib ihr ein bisschen Zeit, sich an die neue Situation zu gewöhnen.«

»Ich bin die Ruhe in Person, mein Herz«, sagte der Lehrer. »Wie du weißt, bin ich für solche Situationen geboren. Hier wird ganz klar eine ordnende Hand und ein in sich gefestigter Anführer gebraucht, und wer wäre das mehr als ich. – Also aufgemerkt, Herrschaften!«

Der Lehrer sah uns mit festem Blick an, dann räusperte er sich und begann:

»Das Wichtigste ist, dass wir nicht in Panik geraten. Wir bleiben ruhig und handeln klug. Niemand darf sich seinen bösen Ahnungen überlassen, böse Ahnungen machen nur nervös. Es gibt für alles eine Lösung. Wir kommen zurecht. Wir haben genug zu essen, in unseren Zelten und Schlafsäcken haben wir es warm, und bis zum Herbst sind es noch gut zweieinhalb Monate. Bis dahin wird uns jemand finden, da bin ich mir ganz sicher, auch wenn diese Insel offensichtlich abseits der gewöhnlichen Schifffahrtsrouten liegt und es natürlich dauern kann, bis ein anderes verirrtes Schiff zufällig hier vorbeikommt und uns erschöpft und unterkühlt und zu Skeletten abgemagert findet. Auf dieser Insel wird es dann anders aussehen als jetzt, das steht fest, denn wir werden vor Hunger die Rinde von den Bäumen und die Flechten von den Felsen geknabbert haben. Aber glaubt mir, man *wird* uns finden, auch wenn es gut sein kann, dass erst noch der Winter kommt und wir gegen Kälte und Einsamkeit ankämpfen müssen. Gut möglich, dass wir unser Essen rationieren und unsere Bärte mit der scharfen Kante eines Steins rasieren müssen – aber wir werden überleben, und seien es nur unsere verblichenen Knochen, die unseren Nachkommen die schmucklose Geschichte jener tapferen Entdeckungsreisenden erzählen, die auf einer einsamen Insel im eisigen Meer ihrem Schicksal trotzten.«

Der Lehrer machte eine Pause, und wir warteten natürlich darauf, dass er gleich weitererzählte, denn wir fanden die Geschichte klasse. Aber wir warteten leider vergebens. Er erzählte nämlich gar nicht weiter. Er verdrehte nur plötzlich die Augen und schaute wild in alle Himmelsrichtungen. Und dann schrie er.

»Wir kommen hier nie wieder weg! Nie! Zu Hilfe! Lauft! Schnell, rette sich, wer kann!«, schrie er und rannte davon und riss sich im Laufen die Kleider vom

Leib. »Ein rotes Lämpchen über der Tür, mehr verlange ich nicht!«, schrie er. »Ein rotes Lämpchen ist doch nicht zu viel verlangt!« Dann verschwand er hinter einem Felsen.

Wir anderen begannen, die Insel nach einem Lagerplatz abzusuchen. Die Frau des Lehrers und Mikas Mutter gingen voran.

»Dein Mann ist so wunderbar aufregend. Man weiß nie, was er als Nächstes tut«, sagte Mikas Mutter.

»Na ja ... «, sagte die Frau des Lehrers. »Ich weiß nicht ...«

»Doch«, sagte Mikas Mutter. »Oder findest du nicht?«

Die Frau des Lehrers hielt jetzt nach ihm Ausschau, aber er war gar nicht leicht zu entdecken. Nur ab und zu blitzte sein nackter Hintern zwischen spärlichen Büschen und einem lichten Wäldchen weiter im Inneren der Insel auf.

»Manchmal ja, manchmal nein«, sagte die Frau des Lehrers mit einem liebevollen Lächeln.

Meine Freunde und ich beneideten den Lehrer. Er konnte herumflitzen und Spaß haben, und wir mussten Schiffbrüchige sein und einen Lagerplatz suchen.

Die Reisetante war natürlich auch noch da. Sie schmollte nur, weil sie es unfair fand, dass sie ausgerechnet an einem Ort sein musste, den es nicht gab. Sie war für Vernunft und für Tatsachen, da kam so eine eingebildete Insel für sie einfach nicht infrage, genauso wenig wie ein achtjähriges Mädchen, das mutterseelenallein ein Schiff aus einem schweren Sturm dorthin manövrierte.

Meine Freunde und ich schmollten kein bisschen. Im Gegenteil: Je länger wir es uns überlegten, desto schöner fanden wir unseren Schiffbruch. Der konnte nämlich noch eine ganze Weile dauern. Wenn man der Geschichte des Lehrers glaubte, kamen wir im Herbst vielleicht nicht an die Schwimmende Schule – aber wir mussten auch nicht in unsere alte! Dann würden wir nämlich hier auf der Insel hungern und frieren, statt wie unsere Klassenkameraden die Rucksäcke fürs nächste Schuljahr zu packen. Und das Beste daran war, dass wir gemeinsam mit unserem Lehrer hungern und frieren durften.

Es dauerte eine Weile, bis wir einen guten Lagerplatz gefunden hatten, aber dann machten wir es uns schön gemütlich. Der Lehrer kam erst gegen Abend. Er hatte sich ein bisschen verirrt, aber die Spur der weggeworfenen Kleider hatte ihn am Ende zurückgeführt. Vielleicht hatte ihm auch der Duft von brutzelnden Pfannkuchen ein wenig geholfen. Jedenfalls waren wir froh, dass er auf dem Rückweg fast alle seine Kleider wieder angezogen hatte. Nur einen seiner Schuhe hatte er nicht wiedergefunden.

»Ein Pfannkuchen, Liebling?«, fragte die Frau des Lehrers sanft, als er ans Feuer trat.

»Wir müssen das Essen gut einteilen. Gib ihn den Kindern, ich bin nicht hungrig«, sagte der Lehrer.

Wir fanden das unheimlich großzügig von ihm. Schade war nur, dass keiner von uns auch nur noch einen Bissen runterkriegte. Wir hatten alle schrecklichen Hunger gehabt, weil nach dem Sturm wieder mal nicht mehr viel in uns drin gewesen war.

»Hunger hab ich keinen«, sagte der Lehrer, als er es hörte, »aber einen könnte ich vielleicht schaffen. Es soll ja nichts verderben.« Danach aß er dann noch neun.

»Während ihr euch hier ausgeruht habt, hab ich ein wenig die Gegend erkundet«, sagte er, während er den zehnten Pfannkuchen verputzte. »Nach meiner Einschätzung ist die Insel unbewohnt. Sie ist ungefähr zweihundert Meter lang und fünfzig Meter breit. An einem Ende ist ein steiler Felsen, in der Mitte wachsen spärliche Büsche und ein lichtes Wäldchen, und an diesem Ende sind ein paar kleinere Felsen mit ein bisschen Sandstrand dazwischen. – Versteht ihr, was ich meine?«, fragte der Lehrer.

Wir verstanden selbstverständlich, was er meinte. Genau dasselbe hatten wir auch schon gemerkt. Außerdem konnte man die ganze Insel im Sitzen überblicken.

»Noch Fragen?«, fragte der Lehrer.

»Wo gibt's hier einen Kiosk?«, wollte Pekka wissen.

»Und meinst du, man kriegt dort einen Angelschein?«, fragte Pekkas Vater.

»Wann fahren wir endlich nach Hause?«, fragte Mika.

»Von mir gibt's was auf den Kompass, wenn ich nach Hause fahren soll«, drohte der Rambo.

Die Reisetante saß den ganzen Abend auf einem Uferfelsen. Ab und zu sah man sie den Kopf schütteln, als redete sie mit sich selbst. Hanna und ich brachten ihr Pfannkuchen, aber die wollte sie nicht essen. Sie behauptete, dass sie sowieso nur träume und es nichts nütze, wenn man im Traum was isst, weil Geträumtes Essen nun mal kein richtiges Essen ist. Die Reisetante tat uns richtig ein bisschen leid, und wir ließen ihr die Pfannkuchen trotzdem da, falls sie es sich noch anders überlegte. Sie überlegte es sich aber nicht anders, und bald kamen die Möwen und schnappten sich die Pfannkuchen. So wie sie kreischten und sich darum zankten, war es ihnen scheinbar egal, ob es echte oder nur geträumte waren.

Groß werden oder nicht

Der nächste Tag war so schön, dass meinen Freunden und mir die Erinnerung an den Sturm auch fast wie ein Traum vorkam. Die Uferfelsen waren warm, das Meer war wie ein riesengroßer Spiegel, und unsere Insel lag mittendrin.

Der Lehrer schleppte gleich morgens Zweige und Äste auf den höchsten Felsen an einem Ende der Insel. Er wollte ein Leuchtfeuer machen, das andere Schiffe anlocken sollte. Es war eine mühsame Arbeit, denn auf der Insel wuchs außer den spärlichen Büschen und dem dürren Wäldchen in der Mitte nichts. Der Lehrer lief kreuz und quer über die Insel, um alles einzusammeln, was irgendwie brennbar war. Wir halfen ihm natürlich nicht, denn wir wollten ja nicht gerettet werden, jedenfalls nicht vor dem Tag im Herbst, an dem die Schwimmende Schule ohne unseren Lehrer in See stach.

Die Reisetante lief den ganzen Morgen die Strände der Insel ab und schaute in jeden Spalt und jede Ritze zwischen den Felsen. Sie kroch auch in die Büsche und drehte jeden Stein auf der Insel um. Es sah so aus, als würde sie irgendetwas suchen. Wir überlegten, was sie wohl auf einer Insel hatte verlieren können, auf der sie noch nie gewesen war, aber wir kamen nicht darauf, zumal wo sie nicht mal glaubte, dass es die Insel überhaupt gab.

»Vielleicht sucht sie den Schuh vom Lehrer«, überlegte Timo.

»Oder die Kapitänsmütze«, kicherte Hanna.

»Oder nach ihrer verloren gegangenen Fantasie«, sagte Pekka, und wir stutzten, weil das eine viel zu schlaue Idee für ihn war.

Aber sie konnten alle drei recht haben: Der Lehrer hatte wirklich einen Schuh verloren, wir hatten immer noch die Kapitänsmütze, und die Reisetante hatte keine Fantasie, also musste sie sie irgendwo verloren haben.

»Ich glaube, dass sie nach ihrem Vater sucht«, sagte Tiina plötzlich.

»Nach ihrem Vater? Wie kommst du *darauf?*«, fragte ich überrascht.

»Sie hat's doch erzählt: Ihr Vater ist mitsamt seinem Schiff verschollen, seit er nach einer Insel gesucht hat, die es gar nicht gab«, erklärte Tiina.

Wir erinnerten uns natürlich, was die Reisetante uns über ihren Vater und sein Schiff erzählt hatte.

»Vielleicht denkt sie, das hier ist die Insel, die ihr Vater gesucht hat«, sagte Tiina.

Das fanden alle eine klasse Idee. Dass wir auf genau derselben Insel gestrandet waren, die der Vater der Reisetante gesucht hatte, war toll. Wir sahen die Insel plötzlich mit ganz anderen Augen an. Das Komische war, dass sie eine ganz besondere Insel war, aber überhaupt nicht besonders aussah. Im Gegenteil: Sie war einfach nur karg und felsig. Sie war nicht besonders geheimnisvoll und auch nicht unauffindbar. Wir saßen ja gerade mitten auf ihr drauf.

»Warum sie wohl noch niemand zuvor gefunden hat?«, grübelte Hanna. »Man würde doch annehmen, dass so eine große Insel nicht lange unentdeckt bleibt.«

»Vielleicht kann man sie nur bei extraschrecklichen Stürmen finden«, schlug Tiina vor. »Dann taucht sie wie ein Wunder auf und rettet diejenigen, die genug Fantasie haben, um an sie zu glauben.«

So musste es sein. Die gescheite Tiina hatte es rausgekriegt. Vielleicht tobte der schreckliche Sturm sogar immer noch irgendwo draußen auf dem Meer, und nur wir waren im Zauberkreis der Insel in Sicherheit. Weil wir genug Fantasie hatten, darum. Auf einmal waren sich alle einig. Oder fast alle. Ich fand nämlich noch einen kleinen Haken an der Geschichte.

»Und wieso ist die Reisetante hier, wenn sie überhaupt keine Fantasie hat?«, fragte ich.

»Weil wir so viel davon haben, dass es für die Reisetante mit reicht«, vermutete Tiina.

»Und wie kommen wir hier weg, wenn es eine Wunderinsel ist, die nur bei schrecklichen Stürmen auftaucht?«, sorgte sich Mika.

»Ganz einfach«, sagte Tiina. »Wir werden groß und hören zu fantasieren auf, dann ist alles wieder wie vorher.«

»Und der Sturm?«, fragte ich. »Der ist dann doch auch zurück.«

»Aber er macht uns nichts mehr aus«, sagte Tiina. »Stürme kommen und gehen, und wenn man groß ist, kommen sie einem nur noch halb so schlimm vor.«

»Ich klopf dich zum Zwerg, wenn ich groß werden muss«, versprach der Rambo.

Der Rambo übertrieb immer ein bisschen, aber wir anderen fanden es auch traurig, dass wir auf einmal groß werden sollten. Oder vielleicht sogar erwachsen. Nur damit wir nicht mehr fantasierten.

»Könnten wir nicht einfach hierbleiben? Wie wär's, wenn wir uns weigern, groß zu werden?«, schlug ich vor.

»Wir könnten komplett verwildern und Tarzan spielen«, schlug Timo vor.

»Oder wilde Seeräuber«, schlug ich vor.

»Oder Robinson«, schlug Hanna vor.

»Wenn du Robins Sohn bist, will ich Batmans Sohn sein«, sagte Mika.

»Ich sorg dafür, dass du keine Maske brauchst, wenn du wieder mit dem Blödsinn anfängst«, drohte der Rambo.

»Und wann geht's los?«, wollte Pekka wissen.

»Gleich!«, riefen wir anderen, denn das mit dem Spielen war eine klasse Idee.

Wir spielten Tarzans Sohn und Robins Sohn und Batmans Sohn, die lauter andere Söhne jagten, und bis zum Abend wuchs keiner auch nur einen Zentimeter, oder höchstens Mika, der uns alle überraschte, als er seiner Mutter sagte, dass er nie mehr seine Mütze tragen wolle, weil sie ihm nämlich überhaupt nicht stehe und außerdem noch schrecklich jucke.

»Glaubst du wirklich, es ist dieselbe Insel, auf der ihr Vater gestrandet ist?«, fragte ich Tiina, als wir alle um den Holzstoß versammelt saßen, den der Lehrer für das Leuchtfeuer aufgeschichtet hatte.

»Entweder die oder eine andere«, sagte die gescheite Tiina.

»Glaubst du wirklich, dass nur unsere Fantasie die Insel über Wasser hält?«, fragte Timo.

»Wir können's ja ausprobieren«, sagte Tiina. »Wir hören auf zu fantasieren und warten ab, was passiert.«

Das war schon wieder eine klasse Idee von ihr, und es ging ganz einfach: Wir machten einfach die Augen zu und fantasierten überhaupt nicht mehr. Unsere Fantasie war abgeschaltet wie die Schulheizung im Sommer. Wir waren vollkommen fantasielos, und unsere Gedanken waren vollkommen leer. Bis wir Hannas Stimme hörten.

»Stellt euch vor, wir machen die Augen auf und sind wieder mitten im Sturm«, sagte sie, und man hörte, wie es sie dabei graute.

»Stellt euch vor, unser Schiff ist ins Auge des Sturms geraten, es ist nämlich ein Wirbelsturm«, unkte ich.

»Und ein riesiges Seeungeheuer will es verschlingen«, schauderte Timo.

»Piranhas haben uns bis aufs Skelett abgenagt, und meine Mutter ist sauer, weil meine Mütze nicht auf den Totenschädel passt«, schniefte Mika.

Der Rambo sagte nichts, aber wir hörten, wie er das Seeungeheuer anknurrte. Nur Pekka war eingeschlafen.

Als wir die Augen wieder öffneten, waren wir immer noch auf der Insel.

»Und was bedeutet das jetzt?«, fragte sich Timo.

»Wie muss man den Ausgang des Tests bewerten?« Timo ist manchmal wirklich nicht leicht zu verstehen, aber Tiina wusste trotzdem eine Antwort.

»Das bedeutet, dass es egal ist, ob es die Insel in echt gibt oder nur in unserer Fantasie«, erklärte sie uns. »Wir sind in jedem Fall in Sicherheit. Weil unsere Fantasie nämlich gar nicht abgeschaltet werden *kann.*«

Das Leuchtfeuer

Der Holzstoß für das Leuchtfeuer sah sehr schön aus, obwohl er nicht besonders groß war. Eigentlich war er nicht viel größer als für ein gewöhnliches Lagerfeuer, und er wurde noch ein bisschen kleiner, als die Frau des Lehrers ihr Reisetagebuch, den letzten Schuh des Lehrers und seine Luftmatratze herauszog.

»Was willst du mit einem Tagebuch, wenn wir hier sowieso verhungern?«, fragte der Lehrer, der das Feuer natürlich so groß wie möglich haben wollte.

»Ich halte darin alle deine Abenteuer fest, als Lehre für kommende Generationen«, sagte seine Frau.

»Wirklich?«, freute sich der Lehrer. »Das ist eine gute Idee.«

»Finde ich auch. Schließlich muss nicht jede Generation wieder dieselben Fehler machen«, sagte seine Frau.

»Lass mir trotzdem wenigstens den Schuh und die Luftmatratze«, bat der Lehrer.

»Auf dieser Matratze schlafe ich heute Nacht, und du wirst deinen Schuh auch noch brauchen«, sagte seine Frau.

»Und was mache ich mit einem einzelnen Schuh?«, fragte der Lehrer.

»Den kannst du mit all deinen einzelnen Socken tragen«, riet ihm seine Frau.

Die Frau unseres Lehrers ist wirklich ein praktischer Mensch.

Trotzdem tat uns der Lehrer ein bisschen leid. Von seinem Holzstoß war nicht mehr viel übrig, darum halfen wir ihm und sammelten noch ein paar Hände voll Baumrinde und trockenes Schilf. Am Ende war der Holzstoß aus Ästen, Zweigen, Treibholz, Baumrinde und Schilf gerade mal so hoch wie Pekka. Er würde wahrscheinlich nicht die ganze Nacht brennen, aber das Feuer würde weithin zu sehen sein, dafür stand es ja auf dem höchsten Felsen.

Die Reisetante kam als Letzte, um sich anzuschauen, was der Lehrer vorbereitet hatte. Sie sah ein bisschen müde aus, aber das war auch kein Wunder, wenn man den ganzen Tag Steine umdrehte.

»Das ist alles vollkommen nutzlos«, sagte sie, während sie den Holzstoß umrundete.

»Wieso?«, fragte der Lehrer.

»Weil wir sowieso nicht gerettet werden können, bevor ich aufwache.«

Die Reisetante hatte die Augen halb geschlossen.

»Bildest du dir immer noch ein, dass das hier alles nur dein Traum ist?«, fragte der Lehrer besorgt.

»Ich bilde mir den Traum nicht ein, ich träume ihn. Das ist ein großer Unterschied.«

»Du siehst müde aus. Wie wär's, wenn du schlafen würdest?«, schlug der Lehrer vor.

»Unsinn. In einem Traum *kann* man nicht schlafen«, sagte die Reisetante.

»In kann dich auch gern aufwecken. Aus dem Traum, meine ich. Möchtest du, dass ich dich vom Felsen ins Wasser schubse, oder soll ich dir lieber mit meinem einzelnen Schuh auf die nackten Zehen treten?«, wollte der Lehrer wissen.

»Komisch«, sagte die Reisetante abwesend.

»Das ist überhaupt nicht komisch«, sagte der Lehrer. »Ich schubse dich ins Wasser und verspreche, dass es kein bisschen komisch wird.«

Dann wollte er die Reisetante packen und wartete nur kurz, weil sie gerade das Fernglas hob und an ihm vorbei aufs offene Meer sah.

»Dieser Traum ist komisch«, sagte sie. »Sehr komisch sogar. Da draußen kommt nämlich ein Schiff, das mich sehr an das meines Vaters erinnert.«

Als wir das hörten, drehten wir uns alle blitzschnell um. Wir waren so mit dem Holzstoß beschäftigt gewesen, dass wir das Schiff, das auf die Insel zusteuerte, gar nicht bemerkt hatten. Es war ein großes Schiff mit einem qualmenden Schornstein. Die Reisetante stellte ihr Fernglas scharf.

»Nein«, hörten wir sie murmeln. »Das Schiff meines Vaters hatte zwei Schornsteine, das hier hat nur einen. Ein komischer Traum, ich sag's ja ...«

»Das ist die Rettung!«, rief der Lehrer. »Das Feuer! Zündet das Leuchtfeuer an! Wo sind die Streichhölzer? Hat jemand meine Streichhölzer gesehen?«

Er war ganz aus dem Häuschen, weil er seine Streichhölzer nicht finden konnte, aber zum Glück hatte seine Frau welche in der Tasche. Sie riss eine Seite aus ihrem Tagebuch und zündete sie an und mit der Seite dann das Feuer.

Das Schiff war jetzt schon so nah, dass wir seine Motoren hören konnten. Wir spürten sie sogar. Sie stampften, dass der Boden unter unseren Füßen zitterte. Von unserem Leuchtfeuer stieg weißer Rauch auf, und wir hatten schon Angst, es könnte gar nicht richtig angehen, aber dann loderten aus der Mitte Flammen auf, und gleich darauf brannte es lichterloh. Wir mussten sogar ein paar Schritte zurücktreten, weil es so heiß war.

Das Schiff war jetzt schon so nah, dass wir ein paar

Seeleute erkennen konnten, die sich über die Reling beugten. Sie schauten in unsere Richtung, aber ob sie uns auch sahen, konnte man nicht wissen.

»Macht was, damit man euch sieht! Hüpft und winkt und wackelt!«, befahl der Lehrer und begann selbst, auf und nieder zu hüpfen.

Wir machten natürlich gern was, damit sie uns vom Schiff aus sahen. Hanna hüpfte und winkte und wackelte mit dem Kopf. Ich hüpfte und winkte und wackelte mit dem Zeigefinger. Timo hüpfte, winkte und wackelte mit dem Hintern. Tiina hüpfte, winkte und wackelte mit den Ohren. Mika hätte auch mit was gewackelt, wenn seine Mutter es ihm erlaubt hätte, und der Rambo drohte, jedem auf den Winker zu hüpfen, der von ihm verlangte, dass er mit irgendwas wackelte. Pekka machte auch nichts. Er briet sich seelenruhig ein Würstchen über dem Leuchtfeuer. Niemand wusste, wo Pekka das Würstchen herhatte. Vielleicht hatte er es an dem Abend eingesteckt, als uns allen schlecht wurde.

Und dann bemerkten uns die Seeleute. Sie klatschten und winkten zurück, und einer von ihnen machte sogar ein Foto von uns. Das fanden wir klasse, und wir legten uns noch mal richtig ins Zeug. Nur der Lehrer war überhaupt nicht zufrieden, wahrscheinlich weil das Schiff keine Anstalten machte, Anker zu werfen.

»Anhalten!«, schrie er. »Wir sind in Seenot! He, nicht vorbeifahren, ihr Seehunde! Anhalten, ihr Seeelefanten! Hört ihr nicht, ihr Seegurken! Anhalten, sag ich, sonst lass ich euch nachsitzen, ihr Seeschnecken! Seid ihr taub, ihr Seenüsse! He, ihr Seenasen, hört ihr nicht?!«

Unser Lehrer kennt wirklich eine Menge Meerestiere, das muss man ihm lassen. Von ein paar davon hatten wir noch gar nichts gehört. Aber schließlich war er ja Lehrer, und wenn er Direktor der Schwimmenden Schule werden wollte, musste er sich damit natürlich auskennen. Wahrscheinlich wären ihm noch viel mehr Tiere eingefallen, wenn er beim Schreien nicht ein bisschen zu nah an den Rand des Felsens gehopst und ins Wasser gefallen wäre.

»Klasse Idee!«, juchzte Pekkas Vater und hopste hinterher.

Meine Freunde und ich hatten keine Lust, ins Wasser zu hopsen. Die Abendluft war schon ein bisschen kühl, und wir fanden es gemütlicher, am Feuer zu sitzen und uns von den letzten Sonnenstrahlen wärmen zu lassen. Die Sonne stand noch hoch, obwohl es schon später Abend war.

Von dem Schiff sah man bald nur noch den qualmenden Schornstein und eine lange Spur im Wasser.

»Komisch«, sagte der Lehrer, als er aus dem Wasser war und sich am Feuer wärmte. »Es war, als hätten sie das Feuer überhaupt nicht bemerkt.«

»Vielleicht ist heute einfach nicht unser Tag«, überlegte seine Frau.

»Nicht unser Tag, ha!«, lachte der Lehrer bitter. »Und was soll das heißen? Heute ist der letzte Freitag im Juni, wenn ich mich nicht verrechne. Heißt das, an dem Freitag merken Seeleute nicht, dass jemand in Seenot ist? Oder ist es vielleicht der internationale Tag der Schiffbrüchigen, die nicht gefunden werden? Oder der Tag der Leuchtfeuer, die keiner sieht?«

»Nein, es ist nur Mittsommer«, sagte die Frau des Lehrers und nahm ihn zärtlich in den Arm.

Genauso war es. Es war Mittsommer, und überall auf den Inseln und an den Stränden wurden Feuer angezündet und gefeiert und getanzt. Da war *unser* Feuer und *unser* Gehopse für die Seeleute natürlich nichts Besonderes gewesen. Um Mitternacht saßen wir immer noch, und als die Sonne nur noch ein winziges bisschen über den Horizont blinzelte, sahen wir in der Ferne tausend kleine Lichter blinken. Und wehten nicht aus weiter Ferne auch Akkordeontöne übers Meer?

Mittsommerzauber

Tiina hatte dann die entscheidende Idee, und es wunderte uns schon nicht mehr, nicht mal Timo, der sonst die entscheidenden Ideen hat.

»Es liegt daran, dass ich ein Süßwasserhirn habe und sie ein Salzwasserhirn«, erklärte er.

Wir wussten natürlich nicht, ob das stimmte, weil er es auf einer Insel mitten im Salzwasser sagte, aber Tiinas Hirn arbeitete auf Hochtouren, das stand fest.

»An Mittsommer gibt es den Mittsommerzauber. Die Mittsommernacht ist eine Zaubernacht«, erklärte sie uns.

»So wie die Weihnachtsnacht eine heilige Nacht ist«, wusste Hanna.

»Wenn man in der Mittsommernacht zum Beispiel sieben Blumen unter sein Kopfkissen legt und nackt schläft, kann man im Traum sehen, wen man mal heiratet«, erzählte Tiina.

»Toll«, sagten Hanna und ich.

»Wir brauchen das aber nicht zu machen, oder?«, fragten die Jungs.

»Wenn man in der Mittsommernacht dreimal nackt um die Sauna rennt und hinterher einen Saunaquast aufs Dach wirft, zeigt der Stiel des Quasts dorthin, woher der oder die zukünftige Liebste kommt«, wusste Tiina.

»Toll«, sagten Hanna und ich.

»Und wenn man den Quast unten in der Sauna braucht?«, fragte Pekka.

»Wenn man in der Mittsommernacht neun eingelegte Heringe isst und sich schlafen legt, kommt der Bräutigam oder die Braut in der Nacht und bringt einem zu trinken«, erzählte Tiina.

»Toll«, sagten Hanna und ich.

»Und wer ist bei *dem* Zauber nackt?«, fragte Pekka.

»Die Heringe«, sagte Hanna.

»Ich setz jeden auf den Heringstopf, wenn ich wegen einem blöden Zauber nackt sein muss«, drohte der Rambo.

Sonst fand er die Mittsommerzauber aber trotzdem toll. Wir alle fanden sie toll. Schade war nur, dass es auf der Insel keine sieben Blumen gab und leider auch keine Saunas und keine eingelegten Heringe. Tiina erklärte uns aber, dass das alles nicht wichtig sei. Wichtig war nämlich nur, dass irgendjemand nackt war. Alle guten Mittsommerzauber hatten gemeinsam, dass es Nacht und dass irgendjemand nackt war. Alles andere war *nicht* wichtig.

»Ich will aber niemand im Traum sehen«, nörgelte Timo. »Stellt euch vor, ich seh zum Beispiel die Reisetante.«

»Oder ich den Lehrer«, schauderte ich.

»Oder ich Pekka«, erschrak Hanna.

»Oder jemand sieht meine Mutter«, seufzte Pekka.

Wir schüttelten uns. Pekkas Mutter ist nämlich die Direktorin unserer Schule, und keiner von uns wollte ausgerechnet in den Ferien die Direktorin sehen. Und schon gar nicht wollte jemand mit ihr verheiratet sein. Außer Tiina fanden wir alle, dass, wenn man sich's genauer überlegte, die Mittsommerzauber doch nicht so toll waren.

»Ihr versteht überhaupt nichts«, sagte Tiina und schüttelte den Kopf wie die Direktorin manchmal, wenn sie uns was erklären will. »Wir machen den Zauber doch nicht für uns selbst, sondern für die Reisetante. Und die Reisetante soll im Traum auch nicht ihren zukünftigen Liebsten sehen, sondern ihren Vater. Versteht ihr *jetzt*?«

Wir verstanden natürlich nicht, also erklärte es uns Tiina noch mal. Tiinas Hirn arbeitete wie ein Formel-1-Motor.

»Wir helfen der Reisetante bei einem Mittsommerzauber, damit sie im Traum ihren Vater sieht, und im Traum erzählt der Vater seiner Tochter, dass er sich in einem schrecklichen Sturm gerade noch auf eine Insel retten konnte, die es wirklich gab, obwohl sie auf keiner Seekarte verzeichnet war. Wenn die Reisetante das hört, versteht sie, dass sie gerettet ist, und glaubt endlich, dass es solche Inseln doch gibt. Vielleicht beschließt sie dann sogar, die Insel, auf der ihr Vater gestrandet ist, zu suchen, und wird im Herbst *nicht* unsere Lehrerin. Dann kann der Lehrer auch nicht an die Schwimmende Schule wechseln und muss uns weiterunterrichten. – Versteht ihr *jetzt?*«

Wir verstanden natürlich immer noch nicht, aber das störte niemanden. Tiinas Plan hörte sich auf alle Fälle genial an.

Während die Reisetante und die anderen Erwachsenen am verglimmenden Mittsommerfeuer saßen, sammelten wir die Zutaten, die wir der Reisetante unters Kopfkissen in ihrem Schlafsack legen wollten, damit der Mittsommerzauber klappte. Hanna sammelte die einzige Blume auf der Insel, Tiina sammelte Muscheln, ich sammelte Tannenzweige, Timo sammelte eine nutzlose Möwenfeder, und Mika sammelte schöne Steine, die er aber auf keinen Fall der Reisetante unters Kissen legen und lieber selbst behalten wollte. Der Rambo sammelte gar nichts und drohte nur, Mika könne seine Zähne einzeln einsammeln, wenn er seine Steine nicht rausrückte. Pekka sammelte sechs haarige Raupen und einen Frosch, die aber nicht zusammen unter dem Kopfkissen bleiben wollten. Also wählte Pekka eine besonders haarige Raupe aus und verteilte die anderen und den Frosch unter den Kopfkissen des Lehrers und seiner Frau.

»Die sollen ruhig auch ihre Liebsten sehen«, sagte Pekka, und das fanden wir eine ziemlich witzige Idee. Vielleicht hatte Pekka auch ein Salzwasserhirn.

Als der letzte Rest des Feuers verglommen war, krochen die Erwachsenen in ihre Zelte.

»Wenn ich es recht überlege, hat der Traum auch seine netten Seiten«, sagte die Reisetante versöhnlich.

»Gute Nacht!«, sagte der Lehrer. »Vielleicht versuchst du einfach zu träumen, dass du schläfst«, schlug er vor. »Du wirst sehen, morgen geht's dir schon besser.«

Wir gingen auch in unsere Zelte und warteten. Es dauerte nicht lange, dann war aus allen Erwachsenenzelten gleichmäßiges Atmen zu hören. Aus dem Zelt des Lehrers und seiner Frau hörte man außer dem Atmen noch ein leises Quaken.

Die Zaubernacht hatte begonnen.

Die Zaubernacht

»Also, wer will nackt sein?«, fragte Tiina, als wir aus unseren Zelten gekrochen waren.

Wir schauten erst mal alle Pekka an.

»Was wollt ihr?«, fragte Pekka.

»Der Mittsommerzauber funktioniert nur, wenn jemand nackt ist«, erklärte ihm Tiina.

»Okay!«, sagte Pekka und zog sich bis auf die Unterhose aus. Auf der Unterhose waren Raketen, aber das hatten wir schon vorher gewusst.

»Ich hab's so verstanden, dass man *ganz* nackt sein muss«, sagte Timo.

»Okay!«, sagte Pekka.

»Halt!«, befahl Tiina. »Ich glaube, es reicht auch so. Sie soll ja nicht ihren künftigen Liebsten sehen, sondern bloß ihren Vater. Ich glaube, dem ist es egal, ob Pekka eine Unterhose trägt oder nicht.«

Was Tiina sagte, klang natürlich vernünftig. Wir Mädchen waren echt erleichtert. Tiina war ein Genie, da gab es überhaupt keinen Zweifel mehr.

Tiinas Plan ging dann ganz einfach weiter: Pekka

würde dreimal um das Zelt der Reisetante rennen, und wir Mädchen nahmen die Saunaquaste, die wir aus meinen Tannenzweigen gebastelt hatten, und warfen sie oben aufs Zelt. Mika und der Rambo sollten inzwischen die neun Dosen Thunfisch essen, die noch übrig waren, das musste als Ersatz für die neun eingelegten Heringe reichen. Timo würde dann den Vater der Reisetante spielen. Er trug die Kapitänsmütze auf dem Kopf, und mit Kohle aus dem Mittsommerfeuer hatten wir ihm einen Seemannsbart und eine schwarze Augenklappe gemalt.

»Noch Fragen?«, fragte Tiina.

»Ich verstehe nicht, warum ich einen Kapitän spiele, wenn die Reisetante im Traum ihren Vater sehen soll«, wunderte sich Timo.

»Sonst noch Fragen?«, fragte Tiina, der Timos Frage offenbar zu blöd war.

Wir andern hatten keine Fragen mehr, also konnten wir anfangen. Erst rannte Pekka dreimal um das Zelt der Reisetante, dann warf ich den ersten Tannenquast oben aufs Zelt, und der Rambo und Mika versuchten, mit einem scharfen Stein die erste Thunfischdose zu öffnen. Timo stand schon mit verschränkten Armen vor dem Zelteingang.

»Es funktioniert nicht«, sagte Timo.

»Überhaupt nicht«, gab Hanna zu.

»So kriegen wir die verflixten Thunfischdosen *nie* auf«, schimpfte Mika.

»Irgendwas stimmt hier nicht«, vermutete auch Tiina und schaute dabei Pekka an.

»Okay«, sagte Pekka und zog die Unterhose aus. Dann rannte er wieder um das Zelt.

Und schon passierte was. Der Rambo beschloss nämlich genau da, alle Thunfischdosen auf einmal zu öffnen. Er stapelte sie alle neun übereinander, hob einen riesengroßen Stein über den Kopf und pfefferte ihn auf den Thunfischdosenstapel. Es gab einen lauten Knall, dann regnete es Thunfisch aus der Dose. Es regnete natürlich auch auf das Zelt der Reisetante.

»Ja, regnet es denn?«, hörten wir ihre schläfrige Stimme.

»Ein bisschen«, gestand Timo.

»Der Regen riecht komisch, exotisch irgendwie«, sagte die Reisetante, und das stimmte. Er roch nach Thunfisch.

»Das hier ist auch eine exotische Insel«, sagte Timo.

»Wo bin ich?«, fragte die Reisetante gähnend.

»In einem Traum«, sagte Timo.

Jetzt warfen Hanna und Tiina ihre Saunaquaste oben auf das Zelt.

»Was war das?«, fragte die Reisetante.

»Exotische Saunaquaste«, erklärte Timo.

»Komischer Traum«, stellte die Reisetante fest. »Aber das ist er eigentlich schon die ganze Zeit. Ich träume nämlich, wir wären auf einer einsamen Insel gestrandet, die es auf keiner Seekarte gibt. – Ist das hier dieselbe Insel?«

Timo schaute zu Tiina, die den Kopf schüttelte.

»Nein, eine andere«, sagte Timo.

Tiina machte ihm Zeichen, dass er weiterreden sollte.

»Und ich bin dein Vater«, sagte Timo mit verstellter Stimme.

»Deine Stimme hört sich so jung an«, sagte die Reisetante.

»Ich bin dein Vater, als er noch jung war«, erklärte Timo.

»Ach so«, sagte die Reisetante. »Aber Moment, damit ich alles richtig verstehe: Ich träume also, dass ich wach in meinem Zelt liege, das auf einer exotischen Insel steht. Auf das Zelt prasseln exotisch riechender Regen und exotische Saunaquaste, und dann steht auch noch mein Vater vor dem Zelt. Mein Vater war übrigens fast zwei Meter groß, und du siehst mir ein ganzes Stück kleiner aus, soweit ich das durch den halb offenen Reißverschluss des Zelteingangs sehen kann.«

»Wie ich schon sagte: Ich bin dein Vater, als er noch jung war«, sagte Timo.

»Du trägst eine Kapitänsmütze auf dem Kopf. Bist du's wirklich, Vater?«

»Aber ja. Und wir sind auf genau der Insel, nach der ich damals gesucht habe.«

»Verstehe«, sagte die Reisetante. »Dann gibt es die Insel also wirklich?«

»Aber ja«, versicherte ihr Timo.

»Und wo liegt die Insel?«

»An einem exotischen Ort.«

»Verstehe«, sagte die Reisetante wieder.

»Hör gut zu!«, rief Timo jetzt mit dröhnender Stimme. »Wenn du aufwachst, sollst du mich und die Insel suchen!«

»Verstehe«, sagte die Reisetante brav.

Dann war es still. Nur das Patschen von Pekkas nackten Füssen war noch zu hören. Tiina machte ihm Zeichen, dass er stehen bleiben sollte, aber er sah es nicht. Wir anderen hielten den Atem an. Nur Mika kratzte noch Thunfisch von den Zelten. Nachts kriegt er manchmal schrecklichen Hunger.

Dann hörte man das Ratschen, als die Reisetante den Reißverschluss ihres Schlafsacks öffnete.

»Schauen wir uns die exotische Insel mal an, damit

wir sie wach wiedererkennen«, hörten wir sie mit sich selbst sprechen.

Wir kriegten einen Riesenschreck. Wenn die Reisetante herauskam, würde sie uns sehen und bestimmt nicht mehr glauben, dass sie träumte. Dann wäre alles verdorben.

»Tu's lieber nicht!«, dröhnte Timo.

»Warum nicht?«, fragte die Reisetante.

»Weil hier nachts unheimliche Gestalten herumgeistern«, sagte Timo.

»Verstehe«, sagte die Reisetante.

»Und auch mich darfst du nicht sehen, sonst klappt der ganze Zauber nicht«, fügte Timo hinzu.

Diesmal sagte die Reisetante nicht »Verstehe«. Sie sagte gar nichts. Dann hörten wir, wie sie sich aus ihrem Schlafsack wand und sich dem Eingang des Zelts näherte.

»Nimm's mir nicht übel, aber ich komme trotzdem nach draußen«, sagte sie. »Ich spüre nämlich etwas komisch Haariges.«

Die Reisetante wollte gerade den Reißverschluss ihres Zelts ganz nach unten ziehen, als Pekka draußen über die Zeltschnur stolperte. Er war so oft ums Zelt herumgerannt, dass ihm schwindlig wurde. Pekka versuchte noch einen Augenblick, das Gleichgewicht zu halten, dann schoss er mit dem Kopf voran wie ein Torpedo ins Zelt des Lehrers und seiner Frau. Aus dem Zelt war erst ein Rumpeln zu hören und dann das Kreischen der Frau des Lehrers. Dann hörte man nichts

mehr, nur Pekka kam wieder aus dem Zelt herausgeschossen. Hinter ihm hüpfte ein erschrockener Frosch, und hinter dem Frosch krochen fünf haarige Raupen. Pekka rannte schnurstracks zum Strand und sprang ins Wasser, dass es nur so platschte.

»Klasse Idee!«, hörten wir die schläfrige Stimme seines Vaters.

Das war der Moment, als Mika anfing zu weinen, weil alles immer nur schiefging, dabei gab ihm ja niemand die Schuld daran. Mika ist echt eine Heulsuse. Als wir Mädchen lachten, weinte er noch mehr. Dabei lachten wir über Pekka.

Timo schlich leise in sein Zelt, ließ aber die Kapitänsmütze vor dem Zelt der Reisetante liegen. So hatten wir es verabredet.

Von der Reisetante hatten wir seit Pekkas Sturzflug nichts mehr gehört. Jetzt hörten wir sie wieder. »Ich glaube, wir bleiben doch lieber liegen«, sagte sie zu sich selbst und zog den Reißverschluss ihres Schlafsacks wieder zu.

Am Morgen danach waren wir gespannt, wie es weiterging. Die Reisetante stand als Letzte auf. Sie kam aus ihrem Zelt gekrochen, stand auf – und da bemerkte sie die Kapitänsmütze. Sie drehte sie eine Weile nachdenklich in den Händen, dann setzte sie sie auf. Sie kroch noch mal ins Zelt und kam mit einer Handvoll Muscheln, schönen Steinen, einer haarigen Raupe und einer platt gedrückten Blume zurück. Sie untersuchte alles ganz genau und schaute um sich, als sähe sie die Insel zum ersten Mal.

»Guten Morgen!«, sagte sie zu dem Lehrer und seiner Frau, die schon ein paar verkohlte Reste des Mittsommerfeuers angezündet hatten und Kaffee kochten.

»Na, wie sieht's heute Morgen aus?«, fragte der Lehrer. »Träumst du einen Traum, in dem du gerade aufgewacht bist, oder was?«

»Es sieht so aus, dass ich aufgewacht bin und überhaupt nicht mehr träume«, sagte die Reisetante. »Es hat sich ausgeträumt. Der Traum heute Nacht hat mir endgültig gereicht. Ehrlich gesagt, war das der komischste Traum, den ich je geträumt habe.«

»Genau wie bei mir«, sagte die Frau des Lehrers. »Stellt euch vor, ich habe geträumt, ich hätte einen Frosch geküsst, der sich plötzlich in einen nackten Pekka verwandelt hat. In meinem ganzen Leben bin ich noch nicht so heftig aus einem Traum aufgeschreckt.«

»Und meiner erst«, sagte der Lehrer. »Erst spüre ich merkwürdig weiche Fingerchen in meinen Haaren, dann will ich meine Frau küssen, und was sehe ich: wie sie einen Frosch küsst, der sich in den nackten Pekka verwandelt.«

»Was solche Träume wohl zu bedeuten haben?«, sagte die Frau des Lehrers nachdenklich.

»Vielleicht waren es verschlüsselte Träume, und wir haben unser zweites Kind gesehen«, schlug der Lehrer vor.

»Redest du von dem Frosch oder von Pekka?«, fragte seine Frau und hörte sich ein bisschen besorgt an.

»Vielleicht überlegen wir uns das mit dem zweiten Kind noch mal«, sagte der Lehrer.

»Wenn's dafür mal nicht zu spät ist«, sagte seine Frau und lächelte geheimnisvoll.

»Du meinst ...«

»Ich wollte es dir eigentlich erst nach der Reise erzählen ...«

»Du meinst ...«, sagte der Lehrer noch mal, obwohl er doch bestimmt verstanden hatte, was seine Frau meinte. Er überlegte noch einen Augenblick, dann fügte er hinzu: »Hoffentlich war's der Frosch.«

Seine Frau lächelte ihn liebevoll an, und er kniff sich in den Arm. »Eindeutig wach«, sagte er leise.

»Aber sicher, Liebling«, sagte seine Frau. »Ich freue mich schon auf unsere größere Familie, du dich auch?«

»Krieg ich dann auch ein größeres Auto?«, fragte der Lehrer und sah dabei schon ein bisschen entspannter aus.

»Mal sehen«, sagte seine Frau.

»Eins frage ich mich doch noch«, sagte der Lehrer, »nämlich was die fünf merkwürdig weichen Finger in meinen Haaren bedeuten sollten?«

Aber darauf wusste niemand eine Antwort. Nicht mal die schlaue Reisetante, die ihre Muscheln und Steine inzwischen auf den Boden gelegt hatte und gerade ihre Raupe behutsam auf einen Grashalm setzte. Als der Lehrer die Raupe sah, fuhr er sich nachdenklich durch die Haare, aber er sagte nichts dazu. Nur zur Kapitänsmütze sagte er was.

»Du hast sie gefunden?«, fragte er die Reisetante und deutete auf ihren Kopf.

»Wie du siehst«, sagte die Reisetante und steckte ihre platt gedrückte Blume vorsichtig in eine ihrer tausend Taschen.

»Die verschollene Mütze vor dem Zelt und Muscheln, Steine, eine Raupe und eine platt gedrückte Blume unterm Kopfkissen – so eine Nacht hab ich auch noch nicht erlebt.«

»Mittsommernächte sind Zaubernächte«, stellte der Lehrer fest.

Die Rettung

Später saßen die Reisetante und der Lehrer nebeneinander auf einem Uferfelsen und schauten aufs endlos weite Meer. Die Reisetante drehte eine Muschel in der Hand, und der Lehrer stützte das Kinn auf die Knie.

»Du scheinst dir sicher zu sein, dass du wach bist«, sagte der Lehrer vorsichtig.

»So ist es«, sagte die Reisetante.

»Dann glaubst du jetzt auch, dass wir in den Sturm geraten sind und die geheimnisvolle Insel hier unsere Rettung war?«

»Ja, das glaube ich. Es ist seltsam und äußerst unwahrscheinlich, aber so etwas kommt offensichtlich vor.«

»Die Wirklichkeit ist manchmal wie ein Märchen, und manchmal ist sie märchenhafter als die Märchen selbst«, sagte der Lehrer versonnen. Er machte eine kurze Pause, dann fuhr er fort: »Und meistens kommt es anders, als man denkt.«

Die Reisetante nickte. »Stimmt genau.«

»Ich zum Beispiel war mir sicher, dass ich im Herbst

Direktor der Schwimmenden Schule werden würde, und jetzt werde ich's doch nicht«, sagte der Lehrer.

»Nicht?«, wunderte sich die Reisetante.

»Nein. Du hast es ja gehört: Wir bekommen noch ein Kind.«

»Verstehe«, sagte die Reisetante.

»Ich bleibe, wo ich bin«, sagte der Lehrer.

»Verstehe«, sagte die Reisetante.

»Das heißt, dass du dich auch anderweitig umsehen musst«, sagte der Lehrer. »Tut mir leid.«

»Muss es gar nicht«, sagte die Reisetante. »Das hatte ich sowieso vor.«

Die Reisetante sah den Lehrer vorsichtig von der Seite an.

»Im Ernst?«, fragte der Lehrer.

»Ich werde mich auf die Suche nach einer gewissen Insel machen. Es dürfte sie eigentlich gar nicht geben, aber ich suche sie trotzdem. Vielleicht finde ich sie, wenn ich nur fest genug an sie glaube.«

»Möglich ist alles«, sagte der Lehrer.

»Wenigstens habe ich jetzt den Mut, dem Rätsel meines Vaters auf den Grund zu gehen«, sagte die Reisetante und hörte sich richtig zufrieden an.

Wir saßen etwas weiter oben auf demselben Felsen, darum waren wir auch die Ersten, die den Schornstein eines Schiffs am Horizont auftauchen sahen. Er wurde langsam größer, das Schiff schien direkt auf die Insel zuzuhalten.

Wir mussten nicht mal hopsen, winken und wackeln. Das Schiff legte von ganz allein bei dem Uferfelsen an, auf dem wir saßen. Es war von der Küstenwache und kam, um uns zu retten. Unsere Eltern waren auch mitgekommen. Sie hätten sich schon Sorgen gemacht, erzählten sie, außer Mikas Mutter und Pekkas Vater natürlich, die ja bei uns waren.

Die Männer von der Küstenwache waren sehr nett. Sie sagten, ein Matrose habe ihnen ein Foto von uns gezeigt und erzählt, wo er es gemacht hatte. Als sie hörten, wie Tiina uns gerettet hatte, klopften sie ihr auf die Schulter, wie es Seeleute untereinander machen.

Die Insel war dann doch auf der Seekarte eingezeichnet. Die Reisetante hatte sie während des Sturms nur nicht bemerkt, weil sie so winzig war und die Karte so wackelte. Auf der Seekarte war die Insel nur ein Punkt, aber sie hatte sogar einen Namen: Sandmännchen-Insel. Wir fanden, das passte nicht schlecht.

Und weil wir endlich glücklich gerettet waren, gab es gleich an Ort und Stelle ein Fest.

Zuerst hielt unser Lehrer eine Rede:

»Liebe Eltern, liebe Kinder, verehrte Zuhörer, wir

haben auf dieser Reise gelernt, dass Wunder geschehen und dass man auch im Angesicht einer drohenden Katastrophe Ruhe bewahren muss. Man muss daran glauben, dass Rettung möglich ist, denn nur dann *ist* sie möglich. Keinesfalls darf man die Nerven verlieren. Auch wenn die Lage aussichtslos und hoffnungslos erscheint, darf man nicht in Panik verfallen. Denn wer sich seinen bösen Ahnungen überlässt und nicht mehr an eine glückliche Rückkehr glaubt, ist rettungslos verloren. Er wird als abgezehrtes, hungriges, zottelhaariges Wesen gefunden werden – wenn überhaupt. Er wird für immer auf seiner verlassenen Insel festsitzen. Schiff für Schiff wird vorübersegeln und ihn nicht finden. Der Winter wird kommen, und er wird von Moos und Flechten leben müssen ... und ... und ... Lauft, Kinder! Hilfe! Rette sich wer kann!«, rief der Lehrer und wollte davonrennen. Aber diesmal war seine Frau schneller und stellte ihm ein Bein, bevor er wieder über die Insel flitzen und sich die Kleider vom Leib reißen konnte.

»War nur ein kleiner Scherz«, murmelte er verlegen, als er sich wieder aufgerappelt hatte.

Danach sangen die Männer von der Küstenwache für uns, erst »Eine Seefahrt, die ist lustig«, dann »Schiffchen auf dem blauen See« und als Zugabe »Und der

Haifisch, der hat Zähne«. Die Männer von der Küstenwache waren tolle Sänger, das fanden alle.

Dann war die Reisetante dran. Sie nahm Tiina bei der Hand und führte sie zu einem kleinen Felsblock. Sie half ihr hinauf, und alle wurden ganz still, die Eltern, die Männer von der Küstenwache und wir, Tiinas Freunde, auch. Tiina selbst sah aus, als wüsste sie nicht recht, was sie davon halten sollte, dass sie plötzlich da oben stand. Sie machte ein Gesicht, als wäre sie irgendwo hochgeklettert und plötzlich würde ihr schwindlig.

Wir waren gespannt, was die Reisetante vorhatte. Und jetzt nahm sie die Kapitänsmütze vom Kopf und setzte sie Tiina auf.

»Die gehört dir«, sagte sie. »Du bist die Einzige von uns, die sie verdient hat.«

Da jubelten Mika, Timo, Hanna, Pekka, der Rambo und ich, so laut wir konnten. Wir schrien und klatschten, dass die Möwen aufflogen vor Schreck.

Wir jubelten Tiina zu, die unser Kapitän und eine echte Heldin und vielleicht sogar eine Meerjungfrau war. Wir jubelten der Reisetante zu, die beschlossen hatte, die geheimnisvolle Insel ihres Vaters doch noch zu suchen. Wir jubelten den tapferen Männern von der Küstenwache zu, die uns gerettet hatten. Wir jubelten unseren Eltern zu, die mitgekommen waren und uns auch ein bisschen gerettet hatten. Wir jubelten der Frau des Lehrers zu, die ihr zweites Kind bekommen würde, und wir jubelten unserem Lehrer zu, der vielleicht ein größeres Auto bekommen und in jedem Fall unser Lehrer bleiben würde.

»Ich denke, ich glaube von jetzt an doch an Märchen. Wenn man nämlich *nicht* an sie glaubt, dann werden sie auch nicht wahr«, sagte die Reisetante zum Lehrer, als sie zusammen über die Planke gingen, die auf das Schiff der Küstenwache führte. Der Lehrer war so überrascht, dass er glatt von der Planke rutschte und ins Wasser fiel.

»Klasse Idee!«, rief die Reisetante aus und sprang ihm nach.

»Klasse Idee!«, schrien wir alle und sprangen hinterher.

Inhalt

Timo Parvela, 1964 geboren, war lange und gern Lehrer, bevor er Schriftsteller wurde. Er schreibt für Erwachsene und Kinder und wurde dafür vielfach ausgezeichnet. Seine Ella-Bücher sind in Finnland Kult. Zur Zeit werden sie verfilmt. Im Hanser Kinderbuch erschienen bereits vier Ella-Bücher: »Ella in der Schule« (2007), »Ella in der zweiten Klasse« (2008), »Ella auf Klassenfahrt« (2009) und »Ella und der Superstar« (2010). Sie sind Lieblingsbücher von allen, die beim Lesen (und Vorlesen) gern Tränen lachen.

Sabine Wilharm, 1954 geboren, studierte an der Fachhochschule für Gestaltung in Hamburg und arbeitet seit 1976 als freie Illustratorin. Für Hanser illustrierte sie bereits »Schinken und Ei« von John Saxby und »Eugen Eule« von Janwillem van de Wetering. Sie zeichnete außerdem von Anfang an den deutschen Harry Potter.

Die Originalausgabe erschien 2005 unter dem Titel
Ella aalloilla bei Tammi in Helsinki.

Das Hörbuch *Ella macht Ferien*, gelesen von Friedhelm Ptok, erscheint bei Igel Records.

Die Schreibweise in diesem Buch entspricht den Regeln der neuen Rechtschreibung.

Unser gesamtes lieferbares Programm und viele andere
Informationen finden Sie unter www.hanser-literaturverlage.de

1 2 3 4 5 15 14 13 12 11

ISBN 978-3-446-23790-2

Satz im Verlag
Druck und Bindung: Friedrich Pustet, Regensburg
Printed in Germany